料理術の精神

ある美術史家の食卓

C.F.v. ルーモール 著
中山典夫 訳

中央公論美術出版

GEIST DER KOCHKUNST

by

Carl Friedrich von Rumohr
Japanese Translation by Norio Nakayama
Published 2016 in Japan
by Chuo-Koron Bijutsu Shuppan Co.,Ltd.
ISBN978-4-8055-0749-0

目次

例言……2
発行人の序文（第二版）……3
発行人の序文（初版）……10
前文……15

第一巻　料理術の基本概念と動物界からの食材について

第一章　料理術について……37
第二章　自然食材の性質について……40
第三章　料理術のはじまりと現状について……43
第四章　高度に文明化した民族に必要な調理器具について……50
第五章　焼き肉について……55

第六章　その他の焼きものについて……59
第七章　焼き肉のたれおよび油脂について……64
第八章　蒸し焼きについて……68
第九章　煮るということについて……70
第十章　肉と魚を煮ることについて……72
第十一章　ブイヨンについて……76
第十二章　スープについて……82
第十三章　ソースについて……91
第十四章　凝固したブイヨンとしてのゼリーについて……96
第十五章　肉を蒸す、蒸し煮する、煮込むことについて……99
第十六章　油で揚げることについて……108
第十七章　肉詰めのパイについて……110
第十八章　煮る詰めものについて……114
第十九章　肉や魚を食べられる状態で長期間保存する方法について……116

第二巻　植物界からの食材について

第一章　穀物、木の実、根菜について……127
第二章　穀粉《こくふん》について……131
第三章　パンについて……133
第四章　パン以外の焼きものについて……137
第五章　麺《めん》、プディング、団子、スフレについて……144
第六章　粥《かゆ》（ムース）について……149
第七章　野菜について、三つの部類……157
第八章　栄養価の比較的高い野菜（第一部類）について……159
第九章　栄養よりもむしろ風味に価値のある野菜（第二部類）について……176
第十章　栄養はほとんどなく、香辛料として使われる野菜（第三部類）について……187
第十一章　乾燥した状態で香辛料とされる木の実、皮、根、葉、および発酵液体調味料について……206

第十二章　砂糖、果物、その他の甘味について……212
第十三章　料理人のしつけについて……215

第三巻　食事について

第一章　食事の心得について……221
第二章　単一な食事と多彩な食事について……230
第三章　食事中の心の動きについて……235
第四章　正しい家庭の食事について……241
第五章　宴の食事について……246
第六章　病人のための食事について……253
付　録　かつて宮廷に仕え、今はアランフェスの「熊亭」の主人である従兄のエルンスト・クリュシュの旅行記からの抜粋……257
訳者あとがき……265
索　引　人名、民族名……i
食材、料理、その他……vii

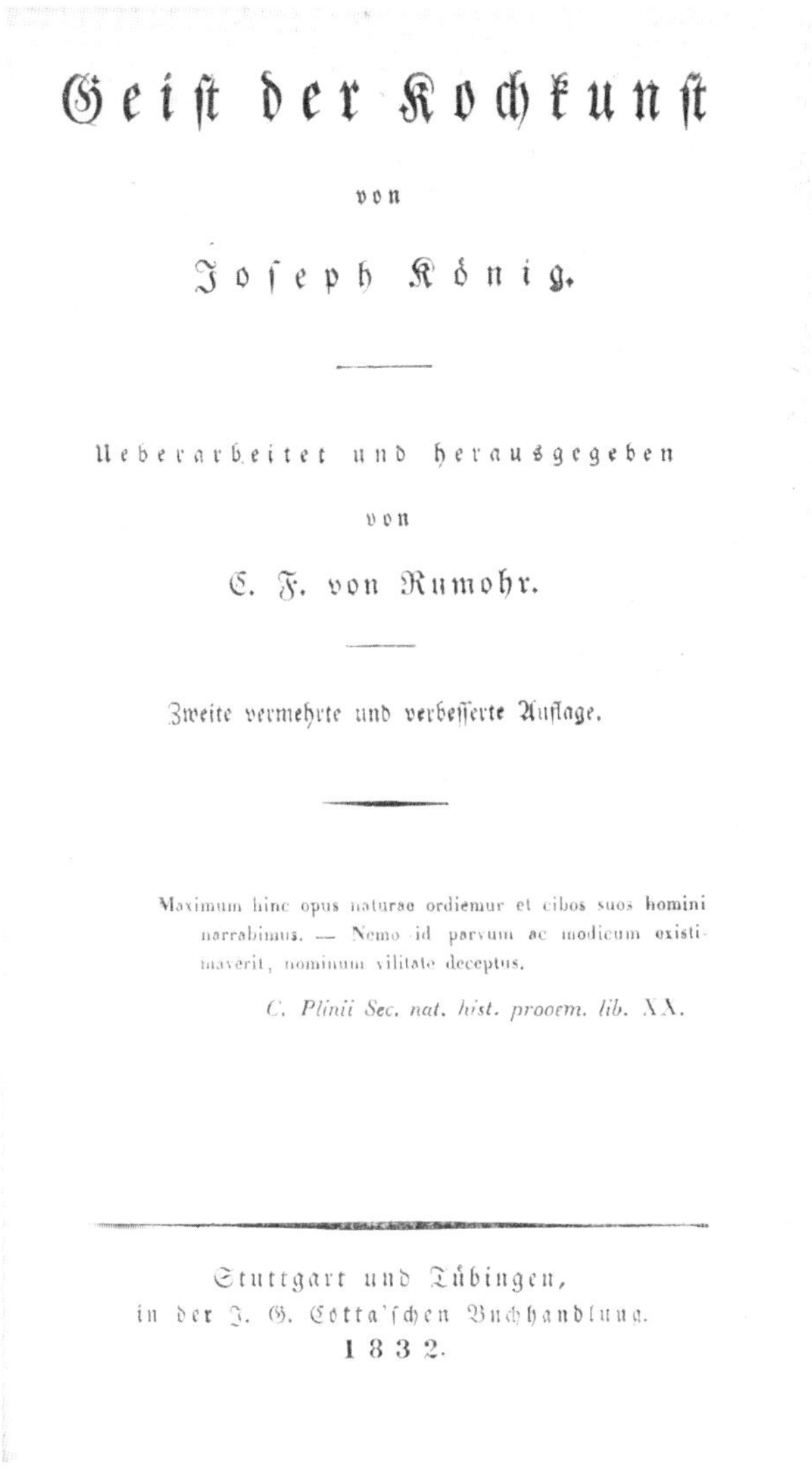
Geist der Kochkunst

von

Joseph König.

Ueberarbeitet und herausgegeben

von

C. F. von Rumohr.

Zweite vermehrte und verbesserte Auflage.

Maximum hinc opus naturae ordiemur et cibos suos homini narrabimus. — Nemo id parvum ac modicum existimaverit, nominum vilitate deceptus.

C. Plinii Sec. nat. hist. prooem. lib. XX.

Stuttgart und Tübingen,
in der J. G. Cotta'schen Buchhandlung.
1832.

図1 第2版表紙

さてこれから、自然のもっとも偉大な仕事について語ることにしよう。人間に定められた食べものを数え上げることである。さすれば人間は、自分たちが何によって生きているのか、それについて如何に無知であるか、思い知るに違いない。だれしも、挙げられる凡庸な名に惑わされて、この仕事を取るに足らない、意味のないことと見下すことは許されない。

――プリニウス『博物誌』第二十巻冒頭

料理術の精神

ある美術史家の食卓

例言

・『料理術の精神』の翻訳の原本には、Geist der Kochkunst von Joseph Koenig — Ueberarbeitet und herausgegeben von C. F. von Rumohr（第二版、一八三二年）を使いました。ただし、目次は、一八八五年この書がレクラム文庫に収められたとき、その編者ロベルト・ハブスが作成したものです。

・本文中および注の中の〔 〕は、訳者による補注です。

・当時の時代背景を考慮すべく、いくつかの表現・用語は改めず、そのままとしました。

・文中の食材名、料理名は、ひとつの国語に統一することはむずかしく、完全に和名化しているもの（たとえばニンジン、カボチャ）以外は、もっとも慣用されている（とおもわれる）国語を採用しました。たとえばブイヨン（仏）、パイ（英）、マカロニ（伊）など。

・参考とした図は1と3を除いて、リューベック美術館におけるカール・フリードリヒ・ルーモール展（二〇一〇年九月十九日-二〇一一年一月十六日）のカタログ (Kunst, Küche und Kalkül. Carl Friedrich von Rumohr (1785-1843) und die Entdeckung der Kulturgeschichte, Museum Behnhaus Drägerhaus Lübeck, 2010) に依りました。

発行人の序文（第二版）

親愛なる読者諸氏、吾人は経験から、序文とは、好まれて読まれるものではないと承知しています。しかし序文は、書物の定型の一部であり、一種の縁飾《ふちかざ》りとして欠かせないものであることも承知しています。ところで、版が重なればその序文もそれぞれに違いが生じてきます。初版のそれは、著者が厚かましくも逆説、思い上がりでもって、これが類書よりも優れていることを知ってもらおうとするものです。それに対して二版以下の序文は、おのずとある種の自惚《うぬぼ》れをもらします。著者は、読者の好意はすでにわが手にあると思い込んでいるのです。みずからを偉大な人物とみなし、その口から、いまや読者がこの書の生まれた小さな愛らしいいきさつを聴きたいと、切に望んでいると思ってしまうのです。ならばと吾人は、以下にこの書の成立の過程を親愛なる読者諸氏に、手短《てみじか》にご報告するしだいです。

どんな大きな仕事もそのはじまりは、安楽椅子でのふとした思いつき、一発驚かしてやるかとかなど、じつに取るに足らないことです。告白するのも恥ずかしいのですが、この書もまた、ただいくつかのところでその名残りをとどめていますが、低級とみなされた芸術（料理術）に高級な美術史学の方法論を導入し、それでもって乙《おつ》に澄ました高級の概念を茶化してみようと、他愛もない魂胆からはじめられたのです。その結果わかったことですが、美術史学上の高級概念といえども卑近な例に応用すれば、その制約もゆるみ不確かなものとなって、ひとつの芸術分野に適合するものは他にも使えることがわかりました。しかしいずれにとっても、少なくともその作用する力は大きいものでした。

その遊びに、以下のような事情が加わりました。当時吾人の料理人であり、この書の著者として名を知られているヨゼフ・ケーニッヒは、くりかえし息子たちの養育に手を貸すよう、本来吾人に課せられた義務以上に強く迫っていました。いろいろ考えてみたのですが、けっきょく吾人には、他愛ない思いつきをさらに押しひろげて、父親の愛のために売れる本をつくることしか思いつかなかったのです。彼は出版社を見つけてきました。それゆえこの書の本来の意図は、著者の創意《そうい》のやむにやまれぬ発露《はつろ》ではなく、料理職人のためのいわば慈善事業《じぜんじぎょう》ともいうべきものでした。

このような、たいしたものではないドイツ式道徳観、貴族の義務としての目的に吾人は、もうひとつの、おそらくより高度な、普遍性を有す目的を結びつけました。すなわち、当時広がりを見せていた農産物の価格破壊を食い止める、少なくともその影響を弱める何らかの手段に、国の経済にかかわる人びとの目を向けようとしたのです。

ご承知のように、一七九四年のバーゼル条約以来一八〇六年まで、北部ドイツはまったく平穏《へいおん》な空気の中におかれていました。この間外《そと》では、フランス人が巻き起こした戦争の嵐が吹き荒れていました。その交戦国の需要《じゅよう》に応じて食料の価格は急騰《きゅうとう》し、その高値が続いていたのです。北部ドイツでは、耕地は広げられ、技術や学問の進歩もあって農業の生産は、約二倍になっていました。

生産は増大し続けました。しかし戦渦が治まると輸出はとどまり、一方で輸入には新たな、これまでにない広い道が開かれました。地中海は、エジプト、南部ロシア、そして長く忘れられていたサルディニアからの産品で自立し、また西方の新しい大陸は、北アメリカ西側諸地方の農業で潤《うるお》いはじめました。それら新開地では、肥沃《ひよく》な土地のうえでの強制や奴隷の使役で、大量の安価な供給が可能とされたのです。

　このような状況の中で、やがて我われのところでも市場にはものがあふれ、農業の一次産品の価格は原価を割るまでに下がりました。このバランスの崩れによる苦境をあるひとたちは、農民の嘆《なげ》きから目をそらして、土地を財産とする地主や借地人だけの苦しみとみなしました。しかしもちろんそれだけではなく、その苦しみは世間全般に広がって行きました。地主や借地人が埒外《らちがい》な税金を納め、まったく不可避とはいえない出費さえ控え、すでに定められた義務の遂行《すいこう》にただ汲々《きゅうきゅう》とすれば、食品市場だけなく、他の商取引もまた停滞《ていたい》に陥《おちい》ったのです。これは、吾人の勝手な杞憂《きゆう》ではありません。さらにこれまでにも、天があまりにも過大な恵みを授けた年には、中央の政府が地方に資金の援助したこともありました。リンゴの樹は、実をつけすぎてもいけないのです。

　ところが吾人がおおいに敬意を払う人間の叡智は、この数年間、豊作の恵みを宝に変えるいかなる方法も見出すことができませんでした。唯一《ゆいいつ》真剣に取り組まれた貯蔵という手段も、悲惨な結末におわりました。既存の農民組合と手を携《たずさ》えて歩むべく計画された消費者組合は、ただ名のみで、意志を貫くエネルギーもなく、需要と供給の現状を見抜く力にも欠け、自滅してしまいました。約十年前ある男が、真面目にあるいは冗談に、腐敗に向かう穀物を株券に変えることを考えつきました。これはもしかしたら名案であったのかもしれません。かつてビザンティン帝国で、ひとりの偽の救世主が三万のユダヤ人をエーゲ海に沈めました。今日世界に名をはせたミシシッピー株式もまた、無数の人びとを奈落《ならく》の底に突き落としました。両者は仮面をかぶった悪魔の仕業《しわざ》と呼ばれもしますが、あるいは大衆が目のくらんだ愚か者であったのかもしれません。

国家経済からみれば、そのままではもはや売れない一次産品は、輸出に向けて、あるいは国内消費のために、あるいは両者用に、とうぜん手を加え、加工品に姿を変えねばなりません。これがまったくうまく行けば、上で見た窮状《きゅうじょう》もたいしたことではないでしょう。羊毛の需要が減れば、減産するか工場で布地あるいは絨毯《じゅうたん》に変えます。これは当たり前のことで、亜麻や大麻をリンネルや帆布《ほぬの》に、鉱石を銑鉄《せんてつ》や鋼鉄《こうてつ》に加工するのと同じです。この世間一般に認められた、覆《くつがえ》すことのできない原則は、過剰が困窮を生む食品にももちろん適用されるはずです。食料価格の高騰は農耕を発展させました。しかし今や、事情は逆に向かっているのです。減産をしないのであれば、たとえ急場の手立てで価格の破壊は防げても、止めることのできない農業の進歩は、過剰な生産を続けます。道はただひとつ、大衆の栄養摂取の改善が、安定した市場を保障するのです。

ところで、バイエルンの模範的なビール条例に基づいて、工場でのビールの製造は大いなる革新を遂《と》げました。製粉技術の進歩により、より細かく良質なコムギ粉の消費は拡大されました。改良された餌で育てられ、より脂のついた家畜《かちく》や家禽《かきん》は、いっそう身近なものになりました。このような食の改善で、倉庫に眠る穀物の量はかなり減ったのではないでしょうか。たしかに、豊作の年における限りない過剰のイメージもまた、これからも食料価格を下げるかもしれません。しかしそれは、もはやたいしたことではありません。過剰は、「それを使う」ことで克服できるのです。この確信は、需要を活性化し、投資を目覚めさせ、怯《ひる》ませることはありません。それは、収支を合わせ、すべてに役立つ、もっとも望むもの、調和のとれた価格をつくり維持させるのです。

このような慎ましい考えは、分別ある読者諸氏をして、食卓でのかりそめの楽しみだけでなく、永く続く健康維持のためにも、自国の農産物を十分に活用する気持ちを起こさせるのではないでしょうか。これが、この書をさらに改訂し増補して再版する真面目な目的なのです。心のひろい読者のみなさん、この新しい版が、初版以上にあなた方の日常生活に影響を及ぼすことを願ってやみません。あなた方の地元のすぐれた産物が正しく料理され、身近にある香りの高い薬草がその風味をいっそうすぐれたものにすることを心から願うのです。もしかしたらこのことが、吾人たちの芸術の一分野（料理術）が啓発され、あなた自身もこれまで以上に高められるのではないでしょうか。

いろいろ挙げてきた目的から、そのひとつでも達成できるのでしょうか。もちろん鉄は、最初のひと打ちで望み通りの形を得ません。少なくともこの書が売れれば、吾人の料理人ケーニッヒの息子たちの未来は明るくなり、目的のひとつはかなえられます。しかしこの書が、国の経済にかかわる人たちに何の影響を及ぼすことがなかったら、恥ずかしさに居ても立ってもいられません。「食品は、国内取引におけるもっとも内容のゆたかな品目である」、あるいはこれも、小人の思いつきかもしれません。たしかに、地方の田園と都市の台所との小さな取引の様子を完全に把握することは難しいでしょう。しかしこの散らばった小さな取引こそが、重要なのです。都市の一般家庭にあっては、食料に費やされる支出費は、家計全体の五割にとどくのではないでしょうか。貧しい家庭では、その割合はもっと高いはずです。それなのに、国の経済にかかわるひとたち——彼らはただ百万を単位に計算するのです——にとって食料品は、倉庫に貯蔵され、船に積み込まれる商取引の対象物にすぎないのです。高い見地に立つと自負する彼らに、あの金持ちのイギリス人を見下《みくだ》す資格はありません。かの国のひとは、食品の取引に細心の注意を払い、それを国内企業の最重要部門としているから、金持ちなのです。

いろいろ弁じてきましたが最後に、吾人がこの書を世に出すことによって否応なく巻き込まれた、じつに厄介《やっかい》な事柄について述べます。時間を追えば次のようになります。

かつて、おぼえておいででしょうか、ドイツにあっても女性たちは、一種の従属する位置に据えられ、ただ家事と料理だけを責任分野として担《にな》っていました。ごく最近、ありがたいことにこのような状況は廃《はい》されました。かつては心やさしい女性たちに涙をこぼさせたあの無慈悲な叱責や小言の声は、もはやどこからも聞こえなくなりました。しかし女性たちは、家事と台所の管理という義務を無条件に認めることはやめても、この重要な部門を独《ひと》り占めする権利をまったく放棄することは望まなかったのです。世の男たちは、時間も興味も能力もないのにひとつの仕事にしがみつく、あるいは新しいことにとびつくものですが、女性たちも同じことをするのです。——このような理由から本書の初版はしばしば女性たちに、彼女たちの権限を侵害するもの、あるいは、もはや過去のものとされた義務の不愉快な押しつけとみなされたようです。

侵害なんてとんでもない。もしそうであるならば、あなた方は家事をとりしきる義務を認めたことになります。あるいはすでに忘れられた義務がいま残っているのならば、すなわち侵害ではありません。――道理を見抜くことの苦手な方々も、どうぞこの書を貫く理念をご理解ください、とお願いするしかありません。

以上で、この書がきわめて道徳、慈善、郷土愛にあふれた動機から生まれたことがおわかりいただけたと思います。このことは、吾人自身にとっては名誉です。しかし作品自体にとっては、必ずしも万々《ばんばん》歳《ざい》ではなかったようです。いかなる芸術作品にも小さな悪魔を忍《しの》ばせる、それが今日の趣味だそうです。ですから人びとは、ここにただひとつだけでなくふたつ目の、あるいは影の意味が隠れており、それを捜し出そうとした、との噂も聞きました。――あるいはそうであったかもしれません。これは、賢智《けんち》ある読者諸氏のご判断にお任せします。

一八三二年四月十七日　　ヴァッハヴィッツにて

発行人の序文（初版）

吾人に仕えた料理人であるこの書の著者は、その道のたぐいまれな知識と技はいうに及ばず、たんなる日常の事柄から普遍性を引き出す、怜悧《れいり》な比較精神の持ち主でもあります。

しかしこの書に見られる生真面目でほとんど学問的厳格な態度は、多くの読者には珍しく、いや意外にさえ感じられるのではないでしょうか。というのは、今日私の愛する料理術は、その真の重要性、すなわちその人間の肉体および精神の健康に及ぼす莫大な影響にもかかわらず、ほとんど正当に扱われていないからです。たしかにかつては、農耕や畜産に学問の形が与えられたこともありました。詩人たちも好んで田園の生業《なりわい》をうたい、為政者は、食材となる植物や動物を地上に増やすことで日々、人道主義をうたう賢人たちと張り合ってきました。しかし、躍起《やっき》になって探し得た自然の食材の料理、あるいは加工に行き着くや、それまでの学問的、文学的、政治的喧騒は、気恥ずかしい沈黙の中に消え、すべてはうやむやにされてしまったのです。あの「貧者のスープ」の発明で世に出た気高い人道主義者たちは、過剰な公共福祉への関心が薄まるや、もはや後継者を育てることもありませんでした。そして人びとは、よりおいしいパン、より脂ののった肉をつくり出そうとする努力さえも、当今流行《はや》りの精神主義から、物質主義者のたわ言として無視したのです。彼らは、食べものの質を高めることよりも、むしろ商取引を活性化し、貨幣の流れを潤滑にすることこそが、農業の改善に結びつくと訴えたのです。

もちろん吾人とて、今日の多くの人士《じんし》が、料理や食べものに言及するときに感じる高貴な羞恥、人間の品位の繊細な感情を知らないわけではありません。それでも、「人は生きるために食べるのであり、食べるために生きるのではない」という見解に、吾人は賛同するのです。だからこそ人間は、分別をもって食べ、食べ物の選択や調理には、他のあらゆる芸術の場合と同様、人間個人としての判断がもとめられるべきです。

人間は、健康にあっては楽しく、信念にあっては中庸に、感性にあってはおいしく食べるべきです。食べものの軽視はたんなる無精によるので、ストア哲学の叡智とは関係ないのです。

吾人がはじめて提起するこの考え方を現代人の偏見から守るために、想いをこころおどらせて古典古代に馳《は》せます。すべてにおいておおらかで、無邪気で、おしゃべりな古代人は、いくらかでも人間の善き生き方にかかわる事柄と同様、何の気おくれも恥じらいもなく料理術にも言及しました。ホメロスの詩は、強く逞しい先祖にふさわしい、汁の垂れる焼き肉にとびつく英雄たちの宴の様子をうたいます。ついで、彼らの宴は哲学者たちに課題を解く手がかりを与えました。食べものの性質と作用は、医家や自然科学者、なかでもヒポクラテスやガレノスの関心をひきつけました。[1] 食べものの選択や調理は、人間

1　シュプレンゲル氏は、ダイエット（養生学）に関する諸文献をヒポクラテスから遠ざけ、それらがアレクサンド

の健康に心をかける医家にとって大切な問題であったからです(2)。ローマ時代になると、重要な野菜の導入は、名だたる家系にあだ名を与えました。たとえばレントゥルス〔レンス＝ヒラマメ〕、ピソ〔ピスム＝エンドウマメ〕、キケロ〔キケル＝ヒヨコマメ〕などです。古代の文献は、今日の古典考古学はまだ十分には活用していないのですが、古代の料理術の歴史について多くのすばらしいヒントを伝えています。

古代人とは違って、自身はいささか品位に欠けるが主題には大げさな威厳をもとめる今日の詩人は、ほんのときたま、小さな牧歌詩で乳とパンからなる食事をうたうにすぎません。ただ例外はジャガイモ、まだ珍しくおそらくその丸い、美的感覚をくすぐる形ゆえに、一度ならず詩の対象とされました。そして旅行者の見聞録、これは、見逃すことはできません。彼らの食べる楽しみ、食べることのできるあらゆるものへの関心、それはまったく見事です(3)。しかしはるか遠く大陸や大海を行く者は食べるよろこびに感覚を鋭《するど》く研《と》いでいたはずです。また飢えは最良の薬味ですから、彼らの報告を文字通りに評価することもできません。そこに登場するさまざまな食べものや料理についての魅力ある描写は、学問的あるいは人道主義から生まれたというよりは、むしろその場における個人の真情《しんじょう》の吐露《とろ》だったのです。

吾人は、誤解をおそれずいえば、今日巷《ちまた》にあふれる料理書あるいは調理法全集を知的産物には数えません。そこには、今日の人びとが分別と品位をもって料理に取り組んでいる姿が見えないからです。それらすべては、――いくらか役に立つのもあるのでしょうが――一考にも値しない平凡な経験、あるいはただの寄せ集めにすぎず、学問的精神とはまったく無縁だからです(4)。これ以上の発言は控えますが、ただ一言、この書と比べてみてください。同列に並べることはできないはずです。もちろんこの書とて、形式からも、また、あるいは料理術に寄与するかもしれない自然科学、化学、工学の成果を十分に取り入れてないことからも、厳格な学術書とはいえないでしょう。しかし叙述には、揺るぎない原則が貫き、的確な説明や役立つ提案が含まれています。要するに、ここでは少なくともひとつの芸術が、自己を主張し、理論を確立しようとしているのです。

この書の最後には、料理の並べ方や食べ方、食欲を高める、あるいは減じる、消化を促すあるいは阻む、心理的な要因についての小さな体験が披露されています。それらは料理人である著者が、会食者に気づかれず、席の後方で観察した事柄です。

リアの新プラトン主義者の手になるものとし、そこで論じられている食事の単一性は、古代的であり反近代的としています。〔K・シュプレンゲル、一七六六–一八三三、『ヒポクラテスについて』、一七八九。これに関しては、本書第三巻第二章参照。〕

2　近代における医家のこの種の仕事の中でもっとも洗練されているのはルドヴィクス・ノンニウスの『ダイエット論』、（アントウェルペン、一六四六）、もっとも完全なのはユリウス・アレクサンドリヌスの『健康論』（ケルン、一五七五）の第十八、十九巻でしょう。後者は、すべての養生学的料理書の中で傑出しており、生活と学問の現代の状況を知るあらゆる事柄を扱っています。

3　このことに関しては、内容の豊富な『美食に関する論集』（ベングト・ベルギウス、スウェーデン語、ハレ、一七九二）を数ページめくれば、納得できるでしょう。

4　ここで吾人は、完全に書き写し、題だけを変えて出版された料理書の例を挙げることもできます。

発行人として名を挙げている吾人が、この書の制作にかかわった部分は少なく、ほとんど装丁といくつかの注釈に限られます。それゆえここに行をつらね、ほんのわずかな望みから、たとえ真に的を射たものとはいえ、推奨の辞を世に出すことには、それでも躊躇《ちゅうちょ》の念を感ぜざるを得ません。

前文

かつて著者は、お抱えの料理人としてご主人に従い多くの国々を巡《めぐ》りました。その長く続いた大きな旅は、愛する分野、料理術に直接あるいは少しでもかかわる古今の書物に親しんできた私に、さらに、料理がそれぞれの国の性格や文化のあり方と深く結びついていることを実感させてくれました。ひとつの国の性格、ひとつの民族の文化のあり方を知ること、それはすなわち、私たち人間のもっとも普遍で最高の関心事です。このことは、改めていうまでもないことですが、料理自体とその歴史学的考察に対する私の知識欲を、いやがうえにも駆り立てました。

じじつ、ひとつの民族の文化の様相《ようそう》は、彼らがふだんに何を食べているのか、どのように料理しているのか、それを歴史的に観察することで判断できるといっても、大きな間違いではないでしょう。たとえば、あのエスキモーやコリャーク人の吐き気をもよおす食べものから、教養のある、しかしそれがまだ爛熟はしていない民族の清潔で質素でおいしい食べものとの間には、注意して見れば、常にそれぞれの民族全体の知性や感性のあり方に応じての、無限の食べもの、食べ方があることに気がつきます。鈍重《どんじゅう》でくよくよ思い悩む民族は、肥育《ひいく》される畜類のように、消化しにくい、いつでも口にはいる食べもので腹を満たします。賢明で活発な民族は、下腹を重くすることなく、味覚神経を刺激する食材を好みます。物静かで思慮深い民族は、とびぬけた味覚や重苦しい消化をまったく問題にせず、むしろありふれた食材を選びます。

　これら食べものの食べ方の細かな差異を追求することは、たしかに偉大なる歴史家の仕事にはふさわしくないでしょう。しかしそれが、金持ちの快楽におもねるかのような疑いから料理術を守ることになるのであれば、それはこの分野を愛する私たちに課せられた責務となります。というのは、料理について語ることは、すなわち美味をひたすら追う「美味崇拝」について語ると思われがちだからです。グリーンランド人の鯨《くじら》食いとか、それに似た嫌悪すべき肉の生食いとは対照的に、たしかに高度な文化をもつ民族の料理術では、文学や美術における技巧過多な趣味と並行する、過剰なまでの洗練がもてはやされたことがあります。(1)極端はすぐさま他の極端を呼びます。この洗練過多はいつも、怪しげな自堕落《じだらく》を呼びます。そして最後に料理術においても、たとえばエピキュロス派とストア派のように、ふたつの極端なセクトが形成され、いっときお互いにバランスを保つこともありますが、しかしまさにこの二者の極端な対立から、ふたつのおぞましい悪習、すなわち「美味崇拝」と、それが落ちるところまで落ちて、いっそうの破滅をもたらす「珍味崇拝」を生むのです。私のこの本は、けっしてここに生まれた悪習について語るのではありません。そうではなく、それらから料理術を守ることを目的とするのです。

「美味崇拝」とは、財産を冷酷な打算的自己愛で築いた、(2)したがってみずからの余《あま》る富をやさしくひろい心であらゆる人間らしい活動に使えない金持ちたちにとりわけ特有な、あの浪費的貪欲《ろうひてきどんよく》、あるいは貪欲的浪費《どんよくてきろうひ》のことです。「美味崇拝」は、たとえば近くにあり、手ごろな値段で手に入るという利点を無視して、とにかく贅沢《ぜいたく》な食にありつきたいという抑えがたい欲望です。また、物珍しさ、変わっていること、多様であることなどで食欲を刺激し、さまざまな技巧で消化を助けることも「美味崇拝」のひとつの形です。

1　近代のもっとも過剰の趣味をうたう料理書の表題の例（ニュルンベルク、ヴォルフガング・モーリッツ・エンデル出版社、J・エルンスト・アーデルヒューネル印刷、一七〇二）。

「かつて女神ケレス、ディアナ、ポモナたちのもとに長年仕え、パルナッソから逃げ出した女料理人が残した、そして今、種々の『ロエブの料理芸術』に夢中になっているニュルンベルクのご婦人がたの間に散らばり、大いなる秘密裡に保たれている調理法を書いた小さな紙切れ、それらから学び取った一九二八種の一般的および珍しい食べもの、スープ、ムース、パイ、肉煮出し汁、酢漬け、塩漬け、サラダ、塩入り肉汁、煮こごり、前菜、副菜、タマゴ、焼いた、蒸し焼きの、煮込んだ、蒸した魚、野鳥および家禽の肉、また砂糖に漬けた、あるいは焼いた甘い菓子などの、誰にも好かれるようおいしく、甘く下ごしらえし、料理する方法、必要なものをいつ購入するか、注文された食べものをいつ供するか。ここに、これらを根気よく集め、良く訓練された女料理人たちには好かれる評点者、しかし経験の浅い料理女には教科書となり、あらゆる項目を驚くほど増やし、あらためて伝授するこの第二版を発刊する。」

2　おまえのあり余る富を使う、もっとよい方法はないのか。何故、おまえは金持ちなのに、負債もなしに悩む者がいるのか。／何故、古い神々の社が廃墟の中に沈んでいるのか。何故、愛する祖国のために、／おまえのその大きな金の山を崩す気にはならないのか、この恥知らずが。（ホラティウス、『風刺詩』、二巻二章一〇三―一〇五行）

この欲望と技巧すべてにおいて、古代ローマ人は後世に、あまりにも馬鹿らしく途方もない浪費の、そう簡単には凌駕《りょうが》できない例をのこしました。少なくともローマ帝国の崩壊以後、再びそのような法外な富がひとところにたまることはなく、その富がこれほどまでに深みに堕落した人間に浪費されることもありませんでした。古代世界のあらゆる美味珍味は、ローマに集まったのです。しかし、たとえ地上にあらゆる宝や美味珍味があふれたとしても、古代のみならず今日の世界にあって、それが美食家自身に、あるいはこのヤブカラシを育てる民族に、健康でおいしい食べものをすっかり忘れさせることはできません。というのは、あやまった料理術は、ただ束の間《つかま》、良い品を並べた市場を素通りするだけだからです。たしかに、すでに早くにローマの台所は、ホラティウス〔前六五–八〕がもらしたように(3)、まさに自然が定めた食材本来の使命を忘れ、すでに、命のない度を越した調理へと堕落することがあったかもしれません。しかしそれから約二百年後、今日のすべての料理書がその様式と方向を手本にする例の『アピキウスの料理本』が編纂《へんさん》されたとき、それぞれの食材がもつ本来の良さを評価する姿は、まったくその姿を消してしまっていたのです。このとき、食材に手を加え、ごちゃ混ぜにして、個々の自然の持ち味を台なしにすることが、料理術の究極の目的とされるようになったのです。もちろん、サムニウムの代表団が偉大なるクリウスに供したあの熱い灰の中で焼いたカブ〔前二九〇年のこと〕は、アピキウス料理書がすすめる香辛料を利かせ過ぎた肉汁や、あらゆる食材の微塵《みじん》切り、ごちゃ混ぜにくらべれば、いまだ堕落していない口にはおいしかったはずです。

以下に、アピキウス式のくだらない調理法の一例をあげます(4)。

「豚のレバーを焼き、つづいて固い筋や皮を取り除き、その前にコショウとヘンルーダを擂《す》り潰《つぶ》し、魚醬《ぎょしょう》(5)を用意しておき、その中に先ほどのレバーを入れ、掻き混ぜて肉団子状に捏《こ》ねあげる(6)。それら団子を月桂樹《げっけいじゅ》の葉の一枚一枚に包んで網脂《あみあぶら》に入れ(7)、煙の中に好みの時間をかけてつるす。頃合いを見て、煙

3　ばかな奴だ、ほめ称えるのか、三ポンドの／ヒメジを、小さく切り分けねばならないのに。（『風刺詩』、二巻二章、三三―三四行）

「小さく切り分ける」は、すでにローマの料理術にあらわれはじめた鉄の如き剛直な定則を示しています。ある解説者たちは、「切り分け」をそれぞれの客に与えられる分、すなわち「分け前」と解釈しますが、それが私にはわかりません。常軌を逸したローマの料理の性格にしたがえば、この魚は小さく刻まれた、あるいは裏漉しされたものとしてフリカデルで出されたと考えれば、ホラティウスがいうように、美食家の浪費がいっそうぎらぎらとした光の中で見えてくるでしょう。じじつこの魚は、その自然の姿で食卓には出されなかったようです。『アピキウスの料理書』、九巻および十三巻参照。

4　『マーティン・リスターの注釈付きアピキウスの料理本』、アムステルダム、一七〇九、二巻二章一〔ただしここの訳文では、おそらく意図して著者は、ふたつ以上のレシピを混同させて、食べられたものではない料理をつくりあげています。〕

5　リクヴァミナ、すなわちガルムのことで今日のソーヤに似たもの。リスターの注参照。

6　意味の上から、また次にくる複数形から、このように訳しました。

7　リスターは、小さな肉団子は個々の月桂樹の葉で包まれると解釈していますが、その前の「網脂の中に入れる」を

の中から取り出し、それを改めて焼く。それを水気のない擂り鉢に入れ、コショウ、ロベッジ、マジョラムを加え、擂り潰す。少量の魚醤を加え、茹でた脳を加え、粒がなくなるまで丹精をこめて練る。五個の卵黄を加え、一個の塊になるまで捏ね固める。これに魚醤を加え、それを青銅の鍋に移し、煮る。煮上がるとそれを清潔な机の上にひろげ、小さなサイコロ状に切り分ける。コショウ、ロベッジ、マジョラムを擂り鉢に入れ、混ぜながら潰す。すべてを粥鍋《かゆ》に入れ、熱する。熱くなったら、それを取り出し、圧し潰し、とろみを付けて皿に移し、その上にコショウを振りかけ、食卓に供する」

この粗略《そりゃく》な翻訳は、難解でおそらく損なわれていた原文の意味を完全には伝えていないかもしれません。しかしそれでも、私たちがそこに、まったくミイラのような干からび、香辛料の使い過ぎを見落とすことはできないでしょう。

もちろん、じっさいのローマ料理には、まったく異なる様相《ようそう》を呈するものもあったでしょう。カトー〔前二三四―一四九〕は、農耕論の中に穀物や野菜の家庭的な調理法を織り込んでいますし、約一五〇年後、ホラティウス自身もまだうたっています。

そしてもちろん、金持ちの食卓から
質素な食べものが消えたわけではない。(8)

またアテナイオス〔後二世紀ごろ〕も、贅沢を尽くすアピキウス〔一世紀頃、料理本には彼の名が冠されている」にくらべて自身の極端に質素な料理を、恥じらいながらも、ホメロス風の高貴な質素に対置しています。[9] 私たちは、『アピキウスの料理本』から、ましてやランプリディウスが伝えるエラガバルス〔ローマ皇帝、在位二一八-二二二〕の美食からも、ギリシア・ローマ料理術の黄金時代を知ることはできません。それゆえこれらの中に、これまですでに何回も繰り返されてきたように、古代世界の料理術の典型を探ることは間違いなのです。またこれもときおりなされてきたアピキウス風料理の再現の試みは、たとえばスモレット〔イギリスの小説家、一七二一-一七七一〕がピクルの物語の中で面白くからかったように、あの晩期ローマ料理術の混乱ぶりに惑わされて失敗したのではなく、むしろ古代人が料理に用いた材料としたきつい発酵液体調味料が手に入らなかったこと、さらには古代人が多用した、今日の人間には知られていない薬味植物液が、今日の薬屋が扱うあの嫌なアサ・フォエティダ（アギ）のことだとしたのがその原因だったのです。

とはいうものの、古代の末期の人びとといえども、たしかにごちゃ混ぜはしたものの、それでも自然食材の本来の良さや味に対する彼らなりの感覚をまったく失っていたわけではありません。『アピキウスの料理本』でさえ私たちに、今日のイタリア人が見事に伝えているように、野菜を緑色に美しく煮ることは知らなかったものの、

見逃しています。「網脂の中に入れる」は、固い月桂樹の葉で包むよりは、たしかに具合がよいでしょう。似たような、しかしもっと簡単な料理は、今でもイタリアで見られます。

8 『風刺詩』、二巻二章、四四-四五行。

9 『デイプノソフィスタイ（食卓の賢人たち）』一巻三十章。

とを教えてくれるし、アテナイオスは、大昔のやり方にならってタマネギを熱い灰の中で焼いています。今日でもイタリア人は、タマネギ、ビート、カボチャ、トマトを、伝統にならって、パンのあとの窯で焼いています。

また、後期ローマの料理術に異議を唱えるとしても、それでも今日の私たちは、ローマ人が共和政の末期から帝政の最初の数百年の間に厨房と地下室をありとあらゆる美味珍味で満たそうとした奇想天外なまでの努力には、敬意を払わざるを得ません。知られているすべての水域で獲れた魚を養殖する池、異邦の魚種のイタリア海域への移殖《いしょく》、[10] それらの規模と尽力には、現代の軟弱者は赤面《せきめん》するばかりです。今日人気のあるカキやパイの配達の仕組みといえども、彼らの生きた魚の備蓄策とは雲泥《うんでい》の差があります。鮮度の落ちたパイあるいは緑色を帯び臭くなったカキは、悦楽郷《えつらくきょう》の焼き肉のように何百マイルの旅をして届けられたときには、たしかに珍味として価値があるのかもしれません。しかし今日の私たちの「美味崇拝」は、古代ローマのそれにくらべればまったく料簡《りょうけん》が狭く、また本来の意図に反していくらか分別くさくもなっていますから、いっそう規模は小さく企てられ、助長され、真似され、実行されています。ですから、今日の無数の料理書の中でももっとも低劣で、いっけん家庭的とも見えるものでさえ、それは、「美味崇拝」の小さな研究の成果以外の何ものでもないのです。そこには、良き家婦、あるいは一家の長が、本来知らねばならないことはほとんど語られていません。教えてくれるのは、ただ取るに足らない混ぜ合わせ、代用、粉飾だけです。[11] それらは、もともと料理術には余計なものであり、もし是非と求められるならば、料理するひと個人の思いつき、勝手な空想と主観的な好悪に任せるべきものなのです。じじつ、誠実で家庭的と知られたほとんどのドイツ料理書でさえ、アピキウス風の堕落した料理本と同様、その奥に隠れている背徳の思いを感傷と無邪気で懸命に覆い隠そうと努める、あの街に流行《はや》るメロドラマや悲喜劇を思い起こさせるのです。

それら料理書、すなわちただやみくもに不合理きわまる調理法の無計画な繰り返しは、そろって、もちろん常に民族また地方の伝統に基づき、真に例外なくおいしい、栄養豊富な郷土料理を追放しようと

10 特にプリニウス『博物誌』、九巻五十四‐五十六章。オオムウオをカンパーニャの岸に移殖したことについては、『博物誌』、九巻十七章。また「彼らはあまりにも無知で、共同体（レス・プブリカ）を失ったあとでさえ、養魚池を手を着けずに残すほどであった。」（キケロ、アッティクス宛書簡一巻一八、六）

11 私は、この種の本の有用性をすべて否定するわけではありません。判断力をもち、ばかばかしいものから理性的なものを区別する能力をもつ料理人は、これらの本からも何かを学び取ることができるでしょう。たとえば、『バイエルンの料理本』（レーゲンスブルク、ダイセンベルゲル）は体系的な傾向をもち、多くの役に立つ家訓を含んでいます。しかし著者の味覚の混乱が『アピキウスの料理本』のそれとほとんど同じであることを知るには、「去勢羊のモモ肉」の項を見れば十分です。ノイバウエルの料理書（ミュンヘン、一七八三）は、形からすればそれほど学問的ではありません。しかし説明はフランス風の味覚に準じており、有益でもあります。南ドイツの料理書はすべてにレモンの皮を、北ドイツの料理書はアーモンド、干しブドウ、バラ香水を混ぜています。フランス人は、革命前には何はともあれ、アサ・フォエティダ（アギ）に手を出しました。これらはみな技巧過多の型にはまっており、味もけっしてよいものではありません。この本は、それらを一切否定しており、それゆえ私は、それらについて詳しく論じることはいたしません。

する意図をもつようです(12)。最近のドイツの料理書は、残念ながらすでにその粗野で不必要なフランス語風の専門語がおのずから語るように、ほとんどがフランスの料理書の単なる猿真似《さるまね》にすぎません。少なくとも私たちにできることは、ただ書き手あるいは料理から容易に知れるその母国から、真の郷土料理や国民料理に役立つ助言を探し出すだけです。最良のドイツ料理本の役目とは、すなわち、そこに料理に対する古いフランスの助言をのこしていることだけです。フランス人は、あらゆる擂《す》り潰《つぶ》しとごちゃ混ぜの、たとえ最初の発明者ではないとしても、それを普及させた人たちです。それを好むのなら、その源に遡《さかのぼ》るべきです。そこには「猿真似のならずもの」にはない、なお純粋で、簡潔で目的にかなうものが見つかるはずです。

料理術の分野における近年のフランスの動きについて手短に見てみましょう。

それに先立ってまず、あらゆる事柄において近代の精神形成の先導者であるイタリア人が、ここでもフランス人に行く先を照らしたことを知るべきでしょう。イタリア料理は、すでに十六世紀に、いやそれよりも早く、他の分野、なかでも文学が示すように、過度の洗練に達していました。イタリア人は、当時の『オッセルヴァトーレ・フィオレンティーノ』に見られるような黄金時代の芸術家たちの饗宴や、シエナでピウス二世〔在位一四五八－一四六四〕の使節が危うく毒殺されようとしたあのゼリーの上に描かれた紋章が証明するように、彼らの美に関するあまりにも繊細な感覚と華やかな芸術趣味を食卓に持ち込んでいたのです。聖ピウス五世〔在位一五六六－一五七二〕の厨房長バルトロメオ・スカッピは、時代の趣味はすでに技巧過多（マンネリズム）に移っていた、一五七〇年ころ、各所にちりばめられた個々の注釈は非常に価値がある、学ぶところの多い料理書を出版しました。[13]そこに見られるのは、まさに洗練に最大の価値を求めており、たしかに今日でも、イタリア大衆の台所にその長所として伝えられているあのケチ臭さと過度のごちゃ混ぜの競演です。

そのイタリア料理の美的繊細さは、絵画に対する好みやイタリア・スペイン風詩情の無駄な模倣をともなって、メディチの公女たちとともにフランスの宮廷に引っ越してきました。そしてそれは、余談ですが、そのフランスを介して早くも一六〇〇年ころ、フランクフルトで印刷された料理本や、三十年戦争のすぐれた風俗描写である『ジンプリチスムス』の中のハナウの司令官が催した宴会が証明するように、早くにドイツにも紹介されました。[14]しかし北方でその繊細な料理術を待ち受けていたのは、その地の粗野な飽食《ほうしょく》の慣習でした。繊細な料理術が、この地で中庸《ちゅうよう》の慎ましさに完全に席を譲るには、まだ時

12 前の注で触れたノイバウエルの料理本の序文は、「古い料理法を今日のやり方でやって見ようとするひとは、邸宅の食卓よりも農民の結婚式で腕をふるうべきであろう」と、バイエルンの郷士料理に宣戦を布告しています。

13 『オペラ・ディ・スカッピ』〔ヴェネツィア、一五七〇〕

14 いくつかを紹介しましょう。マルクセン・ルンポルト『新しい料理』、フランクフルト・アム・マイン、一五八一。このジョスト・アンマンとハンス・ブルクメールの木版画をもつ豪華な料理書の著者はマインツの選帝侯のお抱え料理人であり、彼の時代の美食家たちには大いに貢献していますが、一般家庭に必要なことは、何ひとつ語っていません。皇帝や王侯のさま

間が必要とされたのです。獣じみたがぶ飲みは胃を堕落させていますし、健康な消化なしには味覚の繊細さなど考えられないからです。

たしかにイタリア人は、かつてのフランスの料理に多大な影響を与えました。しかしブイヨン（肉煮出し汁）を汁気のある、あるいは湿ったあらゆる料理の基材とし、まさにそれによって食べものを限りなく健康的においしくしたのは、フランス人の功績でした。イタリア人は、昔は、そして今も、ブイヨンというものを知りません。[15] 何故なら、ギリシア人やローマ人は、質には差があるものの大量のオリーヴ油をもっており、彼らにはそれを汁気のある食べものの一貫したとろみづけに用いたからです。それはしかしそのおかげで、今日でも南ヨーロッパで見られる、すでにプリニウスが不快に思った、[16] あの強烈な香辛料の過剰な使用の誘因ともなったのです。オリーヴ油が味つけに十分ではない場合には、はじめは塩漬けにしたナシから、のちには、今でもオリエントで見られるように、貴重な魚だけからつくられた発酵液体調味料リクヴァミナを用いました。しかもアピキウスが詳細に報告しているソース、ユラとユスクラとは、こってりとしたブイヨンではなく、むしろ舌を計算に入れた油、酢、香辛料、果汁の混合物であったと思われます。

一方、北の国々では、早くには植物油の代わりに、獣脂、バターが多く使われていました。しかしその中間、すなわち南の海岸地方では良質のオリーヴ油が採れるも北でのバターの生産があまり期待できないフランスでは、不足する油脂に代わるものが必要とされました。その必要が、これは多くの事柄で生じることですが、あの素晴らしいブイヨンの利用を導いたのです。これはまさに、世界史に新時代を画すできごとでした。今日ヨーロッパ人の大部分は、このブイヨンにあまりにも慣れ過ぎ、それゆえその地の住民には、古代人の繊細化された料理、あるいは近代のスペイン人、イタリア人、ギリシア人の料理が身の毛がよだつほど、嫌なものに見えるのです。

私の手もとに、一七五六年のルイ十五世の家計のオリジナル計算書があります。それによりますと、当時王家の食費は、かなり節度あるものであったことがわかります。食卓に供されたのは、八ないし九の品です。しかし台所で使われた肉の三分の二は、他の料理のためのブイヨン用でした。このことはもちろん、ただ王家の台所だからこそ可能なことだったのしょう。それでもそこには、新しい料理術の傾向がはっきりと見て取れます。おなじ傾向は、それほど明確ではないのですが、当時もてはやされた料

ざまな饗宴のための料理の選択や並べ方についてはスカッピと多くの点で一致しています。以下の章で私は、この珍しい本から美しい個所を引用させていただきます。

バプティスト・プラティナ・フォン・クレモナ『許された素晴らしい肉体の快楽について』、M・ステファヌムによるラテン語からのドイツ語訳、一五四二。

これらに、イタリア式の料理の切り方、並べ方を教えるトリンキールの小冊子（ダンツィッヒ、一六三九）を加えます。

15 イタリアの短編小説の中には、肉用雄鶏のブイヨンを使ったパイの話が出てきます。しかしそれはあまりにも専門的で、広く行き渡っていたとは思えません。

16 プリニウス『博物誌』、十二巻七章。

理書『レ・ドン・ド・コム』にも見られます。それにここでは、ブイヨンによる純粋にフランス的な調理法と並んで、上で述べたイタリア風の過剰に洗練された料理も取り上げられています。これらのことについては、『さまざまなアントルメ』の章を参照してください。そこでは、今日でもイタリアの食卓に欠かせない、あらゆるロティエ（薄切りのパンに肉類など挟んだもの、クルスティーニ）が、ことこまかに取り扱われています。

フランス革命によって、古いフランスの家庭スープ、ポ・ト・フが、これこそ真にフランス国民の誇りである第三階級とともに、はじめて名誉ある地位を得ました。強烈な香辛料から次第に縁を切りつつあったフランス人の味覚は、再びより繊細さ、より敏感さを取り戻したのです。新しい料理術が今や彼らのおかげで、次第に着実な地位を築こうとしていたのです。そして時を同じくして、イギリス人、特に北アメリカ人として再生した彼らに対するおかしな愛は、フランス風料理に欠けていたイギリス風焼き肉を取り入れる誘因ともなりました。このようにしてフランス料理は、私が理想とする完全に近づきつつあったのです。人びとはそこに、パリ風のクジニエール・ブルジョワーズ（市民料理）の新しい方向を見つけたかとも思えました。しかし革命につづいた政治的ペテンの短い熱狂のあとで、フランス人の常に活発な生命力は、暴力的な手で重要な事柄（政治）から離され、彼らの鋭い感覚は、さほど重要でない事柄で研ぎ澄ますことを強いられたのでした。すなわち彼らの生命力は、この数十年の間、フランス近代芸術の他の分野における以上に、その繊細な感性と発明心を料理術で浪費されたのです。そしてそれは、あまりにも過剰な洗練を目指すことになりました。[17] 私は、料理術をめざす若い人たちに、この

17　ここにいくつかの例をあげます。

・〔グリモ・ド・ラ・レニエール〕『グルマン（快楽のために大食いするひと）の暦』（一八〇三以下）。この小さな冊子は、はじめの数巻はその無邪気さが喝采を浴びましたが、やがて仲間内だけのものとなり、そして飽きられてしまいました。ここには、この分野における文学的試みも散見されます。

・A・ヴィアール（自称「口のひと」）『王様の料理人』（私のまちがいでなければ、「皇帝の」の方が正しいのではないでしょうか）、パリ、一八一四。野菜や薬草、およびブイヨンの正しい使い方の説明があり、役に立つところもあります。

・M・A・カレーム『パリの王様のパティシエ』、パリ、一八一五。この本にも、学ぶところはいくつかあります。しかし、腹立たしいまでの華美で無意味な遊びに、みずからを失っています。この本の序文でカレームは、「この〔フランス革命後の〕十年間は、我々の〔料理〕芸術上に否定的な影響を及ぼした。だからつづく数年に我々の運動は、いっそう促進されたのであった。」

　このようなフランス料理術がイギリス人の間にも次第に浸み込んでいったこと、少なくとも首都の食卓からイギリスの国民的料理が追放されはじめてきたことは、たとえばジョン・シンプソン『料理術の完全な体系』（第三版、ロンドン、一八一三）が語っています。しかしこの著者は、高尚な献辞でもって、ひとつの流行の名声を得ようともがく屋台の料理人にすぎないことを暴露しています。またいくらか役に立つものとして、自国のものだけでなく多くのフランス料理を取り挙げている〔M・E・ランデル〕『我が国の料理術の新しい体系』、ロンドン、一八一二があります。

　最近〔すなわち一八二六、この本の初版（一八二二）の後で、この注が加えられた第二版（一八三二）の間〕世に出た〔ブリア＝サヴァランの〕『味覚の生理学（邦題『美味礼讃』）』は、機知に富んだ著作であり、大切な示唆を含んでいます。

新しいフランス料理術の動きには、ただ疑念をもって向かうよう忠告します。

このようにフランス料理は、昔も、そして改めて今も、ごちゃ混ぜというあやまった道を歩んでいるのです。しかし、フランスの料理本をドイツの多くのそれとくらべてみますと、後者がその手本よりはるかに度を越していることに気がつくでしょう。人間の性向とは、くだらない模倣ほど手本の間違いを誇大するものです。じじつ、比較的すぐれたフランスの本には、薬屋の匂いのする多くのドイツ式料理法に似たものを見出すことは難しいでしょう。たとえば、ウィーンから出たある料理本では、シャンピニオン、エシャロット、レモンの皮、バジリコが、他のこれといった意味のない多くの香辛料と、ごちゃ混ぜに使われているのです。このような、快いもの、不快なもの、苦いもの、酸っぱいものの混ぜ合わせに身震いしないひとは、よっぽど味覚神経が鈍麻《どんま》した、あるいはまったく想像力に欠けているのです。

驚くべき調理法の意味のない集成があらゆる国民的料理を追放する、あるいは悪化させることに成功したところ、またそれによって、大半の市民の食卓からあらゆる慎ましさが消えてしまったところ、まさにそこに、ゲテモノ嗜好「珍味崇拝」が入り込むのです。そして残念ながら、それはドイツの各所で大っぴらにすでになされていることです。「珍味崇拝」とは、舌のあらゆる偶然的な刺激への変則的な欲望であり、いわば、約束の期日にもはや満額で払えない胃袋への内金払いといったものです。この「珍味崇拝」が、それぞれの地方にまったくふさわしく、栄養から見ても十分な食事が、楽しい家庭をひとつにまとめている限り、節度ある財産に恵まれ、堅実な職業をもつ市民の扉を叩くことはないのです。おいしく規則正しい食事が約束されていれば、家長である父親は、むなしい「珍味崇拝」に食欲を奪われるなど、夢にも思い及ばないはずです。自宅の場当たり的で乱雑に出されたまずい食事に食傷した父親は、快適な早朝から仕事を放り出し、イタリア人の地下室のごみの中から、塩辛く、酢の効きすぎた、消化の悪さが健全な食欲を破壊するだけの食べものを探すことになるのです。本来ドイツには、地方によって風俗や習慣に大きく違いがあるのですが、「珍味崇拝」の風習もこれまではただいくつかの地方に、特にオーバーザクセンには、いかものを食べさせる料理屋がありました。

私は、この「珍味崇拝」の祭壇に供物を捧げる不幸な人たちに、自分たちを次第に不治の病に導く連鎖について、よくよく考えてみることをおすすめします。貞淑で上品な奥様方は、道理などおかまいもなく食事を用意し並べます[18]。それは、ひとつには、地元の産物を分別よく利用した郷土の料理が教えられていないこと、ふたつには、料理という手仕事に対する貴婦人にふさわしい嫌悪(それはけっして食べものに対する嫌悪とは結びつきません)を抱くこと、三つには、料理術が生きることに結びついた芸術であることを知らず、ただお笑い草の料理法をつらねた退屈きわまる料理本に身も心もささげておられることです。ここに、まず多くの家庭の不和が生まれます。それまで、昼間一心に仕事に励んでこられたご主人との楽しい一体化の機会であった食事がいまや、他愛もない、容易に避けることのできる面倒な事件のきっかけをつくるのです。そしてそれにつづくたったひとことが、それまで勤勉であったご主人の足を市場へ、薬局へ、あるいは他の誰か毒を盛るひとのところへ、向けさせるのです。ここに、健康、家

18　ペルテスとベッセル『家庭誌』、ハンブルク、一八二二、参照。

庭の平和、そればかりか市民的暮らし自体をも、駆け足で全面的破滅へと向かわせる悪い習慣がはじまるのです。

この「珍味崇拝」には、家庭的な孤独と家庭的付き合いという二面性があります。家庭的孤独な「珍味崇拝」者は、台所、地下室、貯蔵庫をただ行ったり来たりするだけです。その症状は、まずボロボロになった歯、たるんだ瞼《まぶた》、夢見るような顔つきにあらわれます。家庭的付き合いをもつ「珍味崇拝」者はしかし、テ・ダンサン、テ・デグタンなどという物欲しげなお上品な名のもとで流行《はや》りになった、あの唾棄《だき》すべき「おやつパン」に群がるのです。たしかにこのような習慣や流行が身につけば、もはやその精神生活は、健康でしっかりした、しかも熟慮されてはいるが手早く仕上げられた食事を摂っていたときとちがって、荒海を漂う破船となるのです。

何といっても、ドイツの学生や若者たちの間に見られるこれも一種の「珍味崇拝」は、その結果として起こることの重要さを思えばけっして無視することができません。「学生の餌」というあだ名が、それ自体まったく取るに足りない干しブドウやアーモンドに与えられているのです。もちろん、下宿屋のおそろしいまでの堕落が、学生たちをさまざまな砂糖菓子や他の甘いものへと逃避させているのです。残念ながら、ドイツの大学の周囲に見られる木賃宿や下宿屋の根本的な改善に努力する慈善家は、今もあらわれておりません。ですから、ときにはいわゆる「カラスの餌」にさえ満足にありつけない学問する若者たちのこの「珍味崇拝」は、是が非でも駆逐しなければなりません。学校や大学で学ぶ者たちは、どんな鉱泉療法も乗馬も健康で楽しい生活をもはや約束できないまでに、まったく根本から損なわれた消化に慣らされてしまっているのです。まさにここに、あらゆる不平不満、文学論争、党派争いの最初の動因が、うずまくのです。これは、だれしもが認めることではないでしょうか。

そこで、もしドイツの学生諸君が、イギリスの将校たちのやり方にならい、大学食堂で二十人あるいは四十人がグループをつくり、ひとつの財布からこの本にならって料理をすれば、起こるかもしれない自棄《やけ》の気もちは霧散するでしょう。当然ここには、いかなる秘密結社も生まれないのです。(19)

このような確信、そしてこれ以外、他にも私たちの時代にはびこる大いなる悪習を取り除きたいとの望みが、私をして、料理術をその真髄で把握し、その真の原理に立ち返らせる勇気を奮い立たせたのです。実践的な料理術にとってすべてはその原理を正しく理解することにかかっており、このことを私は、自身体験したのです。すなわち、私の偉大な師であるご主人が、原理の確立とそれを堅く守ることで私をして役に立つお抱え料理人に仕立ててくれたのです。師の口癖は、真の料理術の原理を正しく理解すること、その微妙な変更は、料理人（芸術家）の想像力、創意精神、土地と結びつく個人的な境遇に誠実にしたがうべきである、ということでした。師のいうことは絶対の普遍性をもつものでありました。それを正しく理解し、言葉に変えることに成功したならば、私には、国民的料理術の伝統が久しい以前に消えたドイツにも、それがある程度まで修復できると期待することが許されるのではないでしょうか。

19　古代の偉大な元首トラヤヌスの発言。プリニウス『書簡』十巻四十三章。〔十九世紀初頭は、ブルシェンシャフトなど学生運動が盛んであり、またヨーロッパ各地に秘密結社が生まれていた。〕

それゆえ、この書を私は、先に〔初版の巻頭に挙げた献本者の表〕名を挙げた、この小さな仕事の後援を恵み深く引き受けてくださった方々をはじめ、そして特に、みずからの家庭の直接の責任者である、あるいはこの家内的な活動に、精神的な高い立場から関心をお寄せになったみなさまに、献じたいと願うしだいです。

第一巻

料理術の基本概念と
動物界からの食材について

第一章　料理術について

料理術とは、人間が生きてゆくに必要とする自然界の食材から、火と水と塩を使って、その本来の持ち味をさらに発展させ、いっそう身につくもの、元気づけるもの、そして楽しませるものをつくり出すことです。それゆえ料理という芸術には、ただ美しいだけで、役に立つことのない詩とか絵画に注文をつけるホラティウスのあの有名な言葉、「優雅に有用を混ぜよ」が当てはまるのです。

料理術の有用性、それは食べ物が生長と活動という食べものの普遍の目的に、ただ誠実に奉仕することです。またその有用性に加えて料理術は、生きることの楽しさを与えてくれます。それにはふたつの道があり、ひとつは、有用性の徹底した追求、すなわち体がもとめるものをひたすらに窮《きわ》めることです。栄養があり健康的な食べものは、まちがいなくおいしいからです。そのふたつは、栄養がある食べものに真にふさわしい風味を加え、さらにそれをいっそうおいしく、見た目にもさわやかにすることです。

ところで、時代が異なり地域が異なると、それぞれで異なる性質の料理術が支配的となります。それゆえここでも、他の芸術におけると同様、「厳格な様式」、「優美な様式」、そして過度に洗練された「華麗な様式」を考えることができます。

「厳格な様式」は、純粋な国民的郷土料理の中に今日まで多くの例を伝えています。たとえばイギリス人のローストビーフです。これは、ホメロスがうたうあの太古の記念碑的料理以外の何物でもありません。肉を汁気たっぷりに直火で焼く料理は、イギリス人とおなじように、遠く離れ、孤独に古式を守って生きた民族、古代の中国人にも愛されました。もうひとつ例を挙げれば、中国からイタリアまで、何千年にもわたってコメを栽培してきた民族は、それを材料としたおいしい料理ピラフを伝えてきました。(1) これは、コメ粒を硬さがのこるまでに茹で、水を切って冷ましたのち、動物性食材とともにもう一度火にかけ、香辛料を利かせて炒《いた》めたものです。この素朴な料理では、コメというすぐれた穀物が豊富に含む澱粉や糖分は、失われることなく保持されます。しかしコメを遠くから輸入する北方の国々では、このすぐれた成分を煮つめてだめにし、ぶざまにふやけた味のない繊維だけで満足するのです。

次の高峰の頂きに似て、そこに長くとどまることはできない「優美な様式」は、まさに、あのカレームも的確に「ル・ジャンル・マール・エ・エレガン(2)」と呼んだこの様式において、有用性に優雅さが加わります。私が以下で特に注目するのは、この様式を目指す料理術です。

しかしこの「優美な様式」は瞬く間に、栄養や実質をないがしろにし、飾ること、手を加えることにあらゆる意を注ぐ、過度に洗練された「華麗な様式」へと移ります。ギリシア人もすでにこの様式を知っていましたが、ローマ人がこれを受け入れたのは遅く、例のアピキウスの料理本が編纂《へんさん》されたころでした。近代のあらゆる料理本が手本とするこの書には、いくつかの今日でも役に立つ、また農耕について語った文人によって補われるローマ人の家庭訓が散見され、それはたしかに注目に値します。しかしそれをのぞけば、すでに前文で触れたように、そこにあるのは料理術の考えうる最大の堕落です。すなわち、もしみずからを省みるあるいは抑えることができず、ただ新しさに惹かれ、それに身をまかしてしまえば、人間は、如何におかしな似非《えせ》味覚に慣れてしまうかを教えてくれます。

1　この料理は、すでにギリシア人にも知られていました。しかしこれを発明したのは、コメを栽培していたインド人ではないかと思われます。

2　「雄々しく、優雅な様式」『パリの王様のパティシエ』序言、一五頁。

第二章　自然食材の性質について

　食材は、人間とのかかわり合いかたで、栄養となるもの、味をつけるもの、その両者にかかわるものと、三つの部類に分けることができます。

　栄養となる食材では、残念ながら手を加え過ぎ、その栄養価を減じ、あるいはまったくこわすことがよくあります。ただ原材料の栄養分を常に保ち、さらには高めるよう心がけなければなりません。ましてやそれを、調理以前に損なうようなことがあってはなりません。たとえば、ドイツ人の悪習でもあるのですが、肉や魚を洗い過ぎたり、あるいは長時間冷水に浸したりすることです。水は膠《にかわ》分など、魚や肉の可溶物(1)を溶け出させるのです。このことは、ひとつの魚からふたつの切り身をとり、ひとつは十五分間水に浸して、他は切り取ってすぐに煮て、その両者の味を試してみれば容易に確認できます。また食材にきれいな色や形を与えるための、いわゆる「湯潜《ゆくぐ》り」も、その目的が達せられることは少なく、ただ栄養価を損ねることになります。見ばえのために、栄養やおいしさを犠牲にすることがあってはなりません。飾りつけは、食材の特性から生まれる場合にのみ、望まれるものです(2)。

　同じように、食材の大半に既に含まれている繊細な塩気や風味もまた、水洗いや、とくに高すぎる熱から守られねばなりません。また味が異なり、互いに逆らう香辛料を混ぜてはいけません。それらは、相殺《そうさい》されるか、あるいは不快な味を生み出すからです。このごく当たり前の原則が、料理本の中でも現場でも、日常的に踏みにじられているのです。

栄養価もあり、しかも風味のある食材は、その取扱いにさらに入念な注意が求められます。というのは、それらが内包するかすかな塩気や香りは、栄養価を十分に発揮するために必要とされる加熱に負けてしまうことがあるからです。

ただし、苦み、あるいは有害とされる属性を、水洗い、アク抜き、長時間の煮るあるいは蒸すことで取り除く、特殊な食材もあります。たとえばジャガイモ、この多くの品種は、有害な、ときには毒とされる液汁を含んでいます。毒となる液汁は、圧し潰して絞り出すしかありませんが、ヨーロッパに広く普及している毒ではなくとも有害な液汁をもつものは、よく洗い、新鮮な水に少しばかり浸すだけでその有害物質を除くことができます。たとえ残ったとしても、わずかな加熱で気化させることができます。(3)

1　特にオスマゾマ。これは近年発見されたばかりの肉の成分で、非常に繊細な味をもち、栄養価が高いとされています。

2　カレーム、「ところで、悪い料理を覆い隠すことだけに役立つ、何とも訳の分からない手品騒ぎがあります。これこそが、グルマンを憤慨させ、また今日の趣味にももっとも深いところで逆らう、まさに善の敵です。」(『パリの王様のパティシエ』序言、一五頁。)

3　アメリカで栽培されている澱粉を含む塊茎や根菜については、アレクサンデル・フォン・ノンボルトなど、学識

アーティチョークは、同じようにある程度水に浸すだけで、その苦みを除くことができます。塩漬けにしたもの、また干物は、ご承知のように、水に浸し、いくらかふやかすことで、硝酸カリウム、塩分、灰汁が除去されます。

大切なことですが、生の食材の本来の良さは、その全体でも、またその個々でも、正しく見分けなければなりません。すでにヒポクラテスも(4)嘆いているのですが、食材は、同一の種類でも、そのひとつひとつで、ときには大きな違いがあるのです。しかしそれは、買うあるいは選ぶ際に鍛えた感覚でもってすれば、匂いや感触、外観で識別できます。ところで、この場で読者のみなさんに、料理人にとっては重要な大型の畜獣や猟獣の解剖学的構造ついて述べることは、あまりにも行き過ぎでしょう。これに関する学術的な詳しい解説は、イギリスの料理書に見ることができます。

ある旅行者の報告を参照。たとえば、A・A・カデ・ドゥ・ヴォのフランス語で書かれた論文集『ジャガイモの生長液について』、ワイマール、一八二二、七七頁以下。

4　ヒポクラテス、『養生論』、第三巻、「食べられる物のうちには、それ自体に大きな違いがある。」

第三章　料理術のはじまりと現状について

人間の歯の形態は、わずかな例外はあるものの肉獣のそれと似ており、これは、太古の狩猟生活を語るさまざまな遺品、さらには多くの風習が伝えているように、動物的食材すなわち肉が、木の実と並んで、人間の最初の食べものであったことを告げています(1)。それゆえこの書でも、他に先んじて、動物的食材についての考察からはじめます。じじつ、動物の肉には、化学および養生学から見て、人間の必要とする基本的栄養素のほとんどすべてが含まれています。問題は、その栄養素を料理の技術によって、如何に効果的に引き出すことができるかです。

野性的な、すなわち野獣の状態により近い民族は、アンソンの旅行記に見えるパタゴニア人のように、手数をかけることなく、ふだん動物的食材を生で食べています。文明的に一歩進んだカルムイク人やチェルケス人は、馬の肉を加熱するため、それを尻の下に敷いて馬を乗りまわします。しかし文明化した民族は、まったくの生肉、あるいは半生の肉を極度に嫌い、吐き気さえもよおします。文明化した生

1　いくつかの例外的なミイラについては、S・ブルーメンバッハ、『博物学論集』参照。

活は消化の力を弱め、ひとの手による助けに頼るのです。洗練されたあるいは弱められた消化力のひとの手による助け、それはけっきょく、火と水と塩による食材への作用に行き着きました。

この火、水、塩の三つの要素は、何千年にもわたって、多くの民族で同じように消化を助ける体外の道具として使われてきたのです。火を絶やさぬ炉《ろ》は、人類の生活にとって欠くことのできないものであり、ときにはその数で世帯がかぞえられ、租税の単位とされました。たしかに火が料理とかかわりをもたない時代が長く続きましたが、やがてあるとき、ひとりの人間が、獲ってきた肉を棒の先に固定し、火に直接近づけることを思いつきました。一度試みられたこの方法は、何度も繰り返され、やがて広がり、継承されていきました。

それからまた長い年月が経過し、ある時、土製であれ、あるいは金属製であれ、水を通さない、火に強い、すなわち煮炊きを可能にする器が発明されました。火で肉を焼くこと、それにおそらく自然の塩の使用さえ、偶然が人間に教えたのでしょう。しかし器を使って煮ることをまったくの経験なしに、ア・プリオリに思いついたのは、疑いもなく人間の中のまれなる才能でした。たしかに器は、本来ただ液体を飲むための道具として形つくられたのでしょう。しかしその中で液体を温め、それでもって間接的に食材を加熱したのは、偶然ではなく、人間の叡智であったと思われます。

今日にあっては、料理における火、水、塩の必要性など、問題にするひとはいないでしょう。問題は、これら要素の最良の性質、最適な使い方を知ることです。

まず火について。今日の建物にあっては、たしかに煙のこもる炉が見られるのは劇の中だけとなり、建物全体の構造は随分と変わりました。しかし、炉に代わった竈《かまど》は、なかなか完全とはいえませんでした。ですが、たまたま幸運にも煙のこもらない調理場を持ったひとは、それを不埒《ふらち》な改良の犠牲にするようなことがあってはなりません。改築といって動かす最初の石が、動かす必要のある最後の石になることは、けっしてないことではないのです。快適な調理場では、竈は、煙で泣くことのないよう十分に考慮されて中央に据えられ、必要に応じて、その片側には、炎が高く燃え上がり串焼きにも使える焼き肉専用の、反対側には、竈からの灼熱の炎を利用する湯沸かし器やさまざまの大鍋を載せる炉を備えます。また竈の縁には、その突き出た一角に、ただ灰になるだけの熾火《おきひ》を置く、キャセロール用のくぼみ、いわゆる脇火床を設けます。この脇火床で使う炭は、ときには不快な煙を立て、料理人の健康を害することがあります。それゆえ炭は、前もって中央の竈の灼熱火の傍に置き、完全に熾きになってから、脇竈に移すことをおすすめします。

近年経済的な竈《かまど》やオーブンが開発され、たとえばランフォード伯の著書のごとく、信頼できる物理学の専門書によって紹介されています。しかしひとはなかなか習慣から離れられず、また伝えられてきたものには捨て難い長所もあり、これら有益な発明は、ほとんど利用されていません。まだまだ、北ドイツの農家や奉公人部屋に見られる料理と暖房を兼ねたオーブンが、広く一般にも使われているのです。たしかにこれらのオーブンは、鉄製の天板が急激に熱くならない程度の厚さをもてば、煮物、蒸し物、焼き物、保温とさまざまに利用することができます。しかしこのオーブンが北ドイツの各地に広めた、あの焦げつく「天板焼き」は、分別ある主婦の料理帳からは追放されました。

火に関しては、竈だけでなく、燃料の質も問題です。それぞれに長所短所はありますが、薪《まき》としてはブナ材がもっともすぐれています。しかし、樹液が多く湿った木は、燃えにくく煙って多くの食材をだめにします。したがって、少なくとも樹齢数年を経た木を選ぶ必要があります。また、しばしば必要とされる急な加熱に備えて、すばやく燃え上がる完全に乾いた柴や小枝を手もとに蓄えておくことをおすすめします。

そのほかの燃料の中では、不純物を含まない石炭がとりわけすぐれています。(2) たとえば、イギリス風の牛の焼き肉など、強い直火が必要とされる場合には、何よりも石炭が便利です。しかし粘土分を多く含む石炭は、食材に容易に伝わる悪い匂いを放ち、火力も弱いゆえ、料理には使えません。泥炭（ピート）、あるいは瀝青炭を挟み込んだ薪は、早く火がつき、また比較的臭気も少なく、その臭気も熾火《おきび》になるとまったくなくなるので、多くの場合、褐炭や粘土炭よりも好まれます。ただ泥炭を使うときには、食材を火にかける前に、それを軽い木材で熾火に変えておくことをおすすめします。

木炭は、火度こそ良質の石炭に及ばないとしても、匂いも生じず、すぐれた燃料です。しかし、料理をはじめたばかりのひとには、木炭の中には焼き方が不完全なものがあり、すべての木炭を信頼しないよう忠告します。原木が湿っていたり、強い風の中で焼かれたり、吝《けち》な炭焼き人が、死にゆく木材が完全に息を引き取る前に酸素の供給を止めれば、炭の中の行き場のない霊は静まらず、火が吹きおこされればパチパチと騒がしく飛び散り、鍋は炭の粉と埃にまみれます。

以上が火についてです。水は、生きものに欠くことのできない活力の源、自然のもっとも高貴な贈り物です。しかし近代人は、古典古代、いや中世のひとほどに、この宝物を愛し、気にかけることはありません。今日なお、ローマ帝国の各地にのこる巨大な水道の廃墟は、人びとが水に対して、量だけでなく、その質にも万全の意を払っていたことを語っています。それは彼らが、この自然の賜物《たまもの》が非常に繊細な感受性の持ち主であり、ときには互いにすぐ近くに湧く泉でさえ、混入する不純物でその質を変えることを知っていたからです。良い飲み水を得ること、それはもちろん大切なことです。しかしそれに劣らず、どんな水で料理するかも重要です。良い飲み水が必ずしも料理に適するのではなく、その逆もいえます。料理には、ミネラル分を含まない柔らかい水、冷たい鉱泉よりも生ぬるい溜め水のほうが適しているのです。腐敗した植物類が混入していても、あるものは沸騰の際の泡とともに浮かび上がり、またあるものは静かな煮沸の際に滓《おり》として沈殿《ちんでん》し、取り除くことができます。他方、鉱物を含む水は、その塩類や酸化物が料理中に分解し、食材に浸み込むのです。

　もちろんオランダのように、良い飲み水を諦めなければならない低地や、鉱物の混ざらない料理用の水に恵まれない山岳地帯もあります。このような場合には、人間の知恵に助けを求めます。腐敗した水は、激しく動かすことで、あるいは炭、砂利、多孔質の石板を通すことで異物を分離させ、かなり良質の、いや完全に近い水を得ることができます。ミネラル分を多く含む水にあっても、簡単に手に入り安価な薬剤を投入することで不純物を沈殿させ、料理用へと改良することもできます。ケルンテン〔オー

2　ラウメルの「石炭の種類について」参照。

ストリア南部〕やサヴォア〔フランス南東部〕などでも、このような化学的な処置で、住民を甲状腺腫《こうじょうせんしゅ》の恐怖から解放することができるのではないでしょうか。

といって、一家の主人や地方の行政官に、手もとのあるいは他所から引いた水を化学的に試験し、あるいはその改善を奨励することなど、私の分を過ぎます。そのような方々には、その道のすぐれた専門家のより詳細なアドヴァイスを受けるようおすすめします。

塩は、主成分は常に同じですが、混在物でさまざまな種類に分けることができます。もっともすぐれた食塩は、疑いもなく、大量に存在する岩塩です。なかでもスペイン産が一番です。その質の良さは、オランダ産のニシンなど、魚の塩漬けで確かめることができます。もちろん海の塩も浸み込みやすく、イタリアやフランスのイワシのように、小さな魚の塩漬けを完全に仕上げます。リスターは、アピキウスの第九巻第十三章の解説で、非常に美味で長持ちするイギリス風塩漬けについて述べ、フランスの海の塩を称賛しています。塩漬けには常に、たとえ少々値が張っても、手に入るもっとも良質の塩を使うことをおすすめします。泉の塩は、土や石灰分が混ざっていることも珍しくなく、また湧水の豊かさや人の手の加え方などで、品質にじつに大きな違いがあります。しかしその品質は、結晶の純度や透明度で、一見して判断できます。泉の塩にくらべれば海の塩は、普通わずかに硝石を含むため、常に黒っぽく見えます。このことから、海の塩での塩漬けには、硝酸カリウムを加える必要のないことが分かります。食塩の添加の加減は、ほとんどの食材の味や健康への有益性を高めるためには不可欠であり、またよく知られていることでもありますから、この本の以下の章では、明らかに甘い食材の場合のいくつかの例外を除いては、ことさら詳しくは触れないことにします。

第四章　高度に文明化した民族に必要な調理器具について

これまでは、料理術のはじまりと料理術に必要な基本的条件について述べてきました。ここでは、歴史の流れにのっての考察ではなく、ただ今日の立場から、時代の先端を行く料理に欠くことのできない調理器具を列挙します。

焼き肉用串。回転させる焼き肉器がどのように設置されても対応できるよう、かなりの数の大小さまざまなもの。

焼き肉用網。串に似た使われ方をするもので、寸法も格子の厚さも異なるもの数枚。鉄製は清潔に保つことが難しく、繊細な料理には銀メッキされたもの、あるいは少なくとも上面が滑らかに磨かれたもの。

銅製あるいは鉄製の大型湯沸かし器。吊り下げるもの、あるいは深鍋でもかまいませんが、容量の大きいものが是非とも必要とされます。器具の洗浄、その他さまざまな場面、特に鳥料理の汚物の取り除きの際など、煮え立つ大量の湯は欠かすことができないからです。

深鍋、大鍋、フライパン、皿。これらはすでに家庭の必需品であり、ことさらに述べる必要はないで

図 2　厨房の家婦、鉛筆画、テオドール・レーベニッツ、1818/19 年頃

しょう。ただ素材についてひとこと。

陶製の器具は大変安価で、それゆえ料理人や手伝い女はそれらをぞんざいに扱い、あっというまに割ってしまいます。また小さな罅《ひび》でも、火にかければ激しい破裂の原因となりますから、十分に注意して整理整頓しておかねばなりません。陶製の器は、購入の際にも鉛を含む釉《うわぐすり》が使われていないか、注意しなければなりません。というのは、これらの釉は健康を害するからです。このことは、『器に隠れた死』という素晴らしい本が、けっして大げさでなく、有無を言わせない説得力で明るみに出しました。もちろんドイツの陶器製造も、たとえばイギリスの炻器を手本にした改善を迫られています。すでに破裂を防ぐために、外側に銅を被せたすぐれた器具も使われています。しかしこの種の器具は、加熱に時間がかかりますから、必ずしもす

べての調理に適しているとはいえません。ですが、肉の煮出し汁（ブイヨン）、蒸し肉、ジャガイモなど、ゆっくりと静かに加熱する調理には向いています。

前世紀〔十八世紀〕の中ごろ、それまで長く調理に使われてきた、鉛《なまり》でなく錫《すず》を着せた銅製の器具に関して、大変な騒ぎが起こりました。一部の不注意で不潔な料理人による緑青《ろくしょう》の中毒で、多くの料理人が職を失ったのです。多くの本がさらに歪《ゆが》めて書きたてたこのおかしな事件では、心気症の専門家が、家婦、料理人、一家の主人たちの偏見と闘ったのですが無駄でした。

しかしたびたび起こることですが、すばやい加熱が求められるときには、どうしても金属製の器具が必要とされます。それゆえ、銅製の器具を鋳鉄製で代用しようとしました。しかしこれもまた、石灰の沈着を生じ、歯を傷《いた》めたり、消化不良の原因となりました。また、鉄製の器は、食材の味や色を容易に駄目にしてしまうことも知られています。それゆえ私は、銅製器具の使用は続けるべきだと思います。ただしその際には、くれぐれも清潔に扱うことが必須です。

タルト用平鍋。銅に錫メッキを施したものをひとつあるいはふたつ。これは、完全とはいえないまでも、オーブン用天板で代用することができます。

鉄製三脚（五徳《ごとく》）。とくに脇火床がない場合、いくつかあれば便利です。

金属製、石製、木製の擂《す》り鉢。

蓋付き厚手鍋（キャセロール）。銀製のものであれば、いっそう便利です。これには銅の部品が不可欠であり、それは容易に緑青を吹くので、常に清潔に保つことが必要です。

ブリキ製深鉢（ボウル）。鉛によるはんだ付けのない、へこみを打ち出したもの。いくつかあれば、たとえば焼き菓子の生地をつくるときなどに使えます。

ブリキ製プディング用型《かた》。鉛でなく、錫ではんだづけされたもの。これがなければ、ただ清潔な布で包んで煮つめても構いません。プディングやゼリーの型には、今日では火に強いイギリスの炻器をおすすめします。これを使えば、プディングを焼きあげることもできます。

さまざまな焼き菓子やゼリー、その他を調理したり、かたどったりするための銅に錫を着せた型《かた》。不思議に思うのですが、熱にさらすことのないゼリーの型に、何故ガラス製のものがないのでしょうか。ガラス製ならば、銅製や陶製のものより、ゼリーの色や透明度、厚さがよく見えると思うのですが。

鉄製の大鍋や大釜は、容易に食材の味や色を変えてしまうので、ただ大まかな調理にしか使えません。

真鍮《しんちゅう》あるいは銅製の濾《こ》し器、目の大きさの異なる篩《ふるい》、これらは常に目がつまらないよう気をつけねばなりません。

おろし金も、ひとつでいろいろなものをおろすことのないよう、目の大きさの異なるものをいくつか用意します。

さまざまな生地を捏《こ》ねるために、コロの付いた滑らかな石板があれば便利です。大埋石のものが手に入らなければ、滑らかな良質の木板でもよいでしょう。

スライサーは、トリュフなどの薄切り用、野菜、リンゴなどの粗切り用があればよいでしょう。

さらには、アクを抜いた硬質の木材でつくられた俎板《まないた》。刻まれたものが落ちないよう、薄い縁がついたものが便利です。二重あるいはそれ以上の刃の付いた微塵《みじん》切り用包丁（チョッパー）、肉切り包丁、螺《ら》旋刃《せんは》の突きナイフ、木製の調理用スプーン、台所包丁、手斧、ハム、サラミソーセージ、ビーフステーキなどを正確な長さに切り分けるイタリア風肉屋用大型包丁。果物の種を抜き取る、あるいはさまざまな小さいものをきまった形に切り抜くための小型の刳《く》り抜《ぬ》き器。焼き菓子に特定の形を与えるための鉗《かん》子《し》や型《かた》。そして最後に、パパン式スープ鍋、イギリス式蒸し器が加われば完璧です。

これら器具のすべては、なによりも清潔に保つことが大切です。残念ながら、ノイバウエル氏[1]が正しく指摘するように、ドイツのお屋敷の台所は、そうではないようです。「お客さんたちが台所を覗いたとき、すべてが黄金のように輝いていたら、それ以上の名誉はない」と彼はいいます。しかし台所の名誉だけでなく食べものの味やお客たちの健康も、その大部分は、すべての器具が、使用後に丁寧に洗われ拭《ぬぐ》われているか否かにかかっているのです。ノイバウエル氏は、この点に関してフランスの台所をドイツの手本としています。しかし彼は、バイエルンの市民や農民の台所がほとんど例外なく清潔であることも語るべきでした。その好例を私たちは、ミュンヘンの近く、ヒルシュガルテンのヴィルテ氏の台所に見ることができます。

1　『最新の料理の本』、ミュンヘン、一七八三年。

第五章　焼き肉について

前の章で私は、肉を焼くことが人間のもっとも原初な料理であると、それとなくほのめかしました。それゆえここで、すべての料理に先んじて焼き肉を取り扱うことにします。

厳格な意味での焼き肉とは、火が放つ熱風を直接あてて焼きあげた、温血動物あるいは魚の肉および脂身のことです。その焼き肉の表面を乾かさないために、それ自体から滲《にじ》み出る肉汁や溶け出る脂、あるいは他の動物の溶かした脂を、またときにはバターや植物油で、肉を濡《ぬ》らすことをします。この処理は、焼きながら振りかける塩とあいまって独特の味をつくりだし、それがおとろえた食欲を刺激し、また消化を促進することから、焼き肉は普通、食事の最終段階で供されます。肉を焼く方法にも国によって違いがあり、なかにはおすすめできないものもあります。

イギリス風、というよりはむしろホメロス風というべき焼き方は、まず肉を一気に灼熱の火にさらし、表面に皮をつくります。つづいて時間をかけてゆっくりと焼き上げるのですが、最初にできた外皮が、内部に含まれる貴重な肉汁や塩分の逃げ出すことを防ぐのです(1)。したがってこの焼き方には、ドイツ人の吝《けち》な心根が料理から追放した裸火を使うことが前提とされます。この灼熱の火のすばらしい作用は、いわゆる「焼き肉器」や筒型天火、オーブン、ましてや深鍋などではけっして得られるものではありません。

長年の経験は、何らかのソースをかけたり、あらかじめ塩をふることとは、焼き肉の味を損《そこ》ねることを私に教えました。そして上手に焼きあげるには、まず肉から水気を拭き取り、それをすでに赤々と熾《おこ》っている火に近づけ、強い熱気の中で、表面が焦げだす寸前まで回転させます。続いてこの乾ききった表面に、バターの小片をのせます。いやむしろ、バターで撫《な》でるようにします。熱いところに触れたバターはただちに溶け、泡を生じます。この際、肉汁が滴《したた》り落ちないよう、十分に注意します。というのは、このとき肉は、あの繊細な味をもち栄養に富む、新しい化学がオスマゾマと名付けた物質からなる液体で覆われているからです。つづけて焼かれる肉には、細かく砕かれた塩をまんべんなく、繰り返しふります。ここで塩が、例の液体を吸い取るのです。もし塩が焼く前にふられていたら、そのときすでに液体は滲み出て、滴り落ち、肉がもつあの最良の物質、オスマゾマは失われてしまうのです。またあらかじめソースがかけられていたら、あるいは焼きながら多くの獣脂や植物油が塗られていたら、表面はけっして硬い外皮をつくらず、肉汁は薄まり、繊維はふやけてしまうでしょう。すぐれた焼き肉は、ふっくらとし、繊維はしまり、表面は硬くても内は柔らかく、容易に切り分けられ、口当たりもまろやかなのです。そしてたとえ骨まで熱がとおっていても、切り分けの際、最初のナイフが当たるやいなや、皿には肉汁があふれるのです。革のような焼き肉、焼き肉とは名ばかりの焼き肉ときっぱりと縁を切ると決心したひととは、べとべとと焦げ付いたバターの味とは、もはやけっして取引しないと毅然たる英雄精神を示すべきです。また焼き肉には、串から抜きとる最適の瞬間というものがあります。冷めるのを、あるいは乾くのを待ってはいけません。といって、決まった規則があるわけではなく、それは肉塊の大きさ、種類、熟成度によって違います。たとえば若鶏の場合、それは焼きあがって一〇ないし二〇秒後です。最後に、オーブンで焼けば節約できると考えてはいけません。都会での一抱えの薪《まき》の値段は、上で述べた焼き方で節約できる半ポンドのバターとほぼ同じです。

燃料代があまりにも高いところでは、そしてそこで切りつめた生活をする者にとっては、本当のローストビーフの代用品が必要でしょう。たとえば、より薄く切った肉も、あの高名なイギリス風ビーフステーキのように、赤々と熾《おこ》る炭火にのせた網の上で焼くことができます。またあまり上等ではない肉、

1　フレデリック・アッカム、『台所の化学』（ロンドン、一八二一）は、素晴らしい本です。その八三頁には、焼き肉の方法があります。これは、イギリス人が書いたことですから多くの人が参考にするでしょうが、そこでは、肉はまず火から遠ざけ、そしてだんだんに、完全に火がとおるよう近づけることをすすめています。これは、上で述べた私のやり方の逆です。しかし同じ本の九六頁以下で著者は、網の上で焼く方法について詳しく述べ、そこでは、私のやり方のそれとまったく同じ理由で、すなわち、肉の表面が縮まる、あるいはパリッとした皮がつくられるから、まず強い火にあてることをすすめています。しかし私には、他のおいしく栄養のある肉汁の気化を防ぎ、肉の中に保つことを網焼きではすすめ、串焼きで軽く見るのがわかりません。もちろん私が推奨するのは、肉の表面にはじめから焼き焦げをつくることではありません。そんなことをすれば、表面の収縮はあまりにもはやく、ただ硬い皮ができてしまいます。

それにほとんどの魚も、このやり方でおいしく焼けます。ただ火は灼熱を保ち、網から目を離さず、肉片を早めに、しかもすばやく裏返し、もっとも適した瞬間に網から剥《は》がすことが何よりも肝心《かんじん》です。数秒でも遅れると、肉は硬くなり、干《ひ》からびてしまいます。牛、仔牛、牡羊、あるいはそのほかの脂身や肉汁の多い動物の肉片には、さらに油脂を塗る必要はありません。ましてやそれらに他の動物の脂を塗ることは、本来の味を奪うことになり、断じて避けねばなりません。他方魚の切り身を網で焼くときには、新鮮なバターやまろやかな植物油を少しばかり塗ることはかまいません。ですが、これはあくまでも例外です。このような焼き魚は、最後に塩をふりかけます。その際、切り身の表面に脂がたまることがあれば、乾かすためにパン粉を散らすのもよいでしょう。

真の焼き肉を、倹約好きの家婦が好む炒《いた》め物で代用することは、完全にやめるべきです。しかも蒸し焼き（イタリアのストゥファート）は、独立したりっぱな料理です。蒸し料理については、のちに詳しく触れることになるでしょう。

第六章　その他の焼きものについて

真のローストビーフには、腰骨のまわりから剥《は》ぎとった大きな肉の塊がもっとも適しています。肉の塊が大きければ大きいほど、焼くとその内部では、動物性膠《にかわ》質はより凝縮し、煮つまり、この肉に独特の汁気や塩分はより多く保たれます。肉は、柔らかく成熟させるよう、寒い季節では八日から十四日間、暖かい季節にはそれより短く、しかし常に涼しいところに吊るします。このあとで串に刺し、前章で述べたように、まず強火に当て、表面を軽く焦がします。正しく焼き上げられた肉塊は、非常に汁気がゆたかで、ナイフがはじめて触れたときには、きれいな赤みをおびた液汁がにじみ出るにもかかわらず、切り取った肉は、あたかも手あつく肥育された仔牛の肉のように、白く繊細な外観を呈します。しかしローストビーフは、イギリス式にしたがえば、ごく薄くスライスすることがもとめられます。

イギリス人のこの料理に対するあまりの偏愛は、彼らが生肉を好むという風評を広めました。というのは大陸の諸民族は、まだ汁気ののこる肉は絶対に生であり、まるでハチの巣のように乾ききってはじめて、十分に焼けたと信じ込んでいるからです。もちろんそれは間違いです。すぐれたローストビーフは、最初に素早く強火に当てて生じる外皮が、肉汁を内に閉じ込めるから汁気がゆたかなのです。

お迎えしたお客様が多いときなどやむを得ず私は、牛の背から切り取った比較的小さな肉塊を串焼きにすることがありました。一般にこの部位がもつ脂身、それと付けたままの骨は汁気が失われることを防ぎ、巨大なローストビーフの代用としての役目を十分に果たしました。

食べ物の好みがイギリス人よりも広い民族にあっては、料理店とか大がかりな宴の際以外、途方もなく大きな肉の塊が焼かれることはまずありません。だからこそ私たちは、イギリス風ローストビーフに代わる、まずは手ごろの焼き肉を考えついたのです。それは、私の勘違いでなければフランス人の発明で、すなわちフィレ・ド・ブフ（ヒレ肉のロースト）です。この部位の特別なしなやかさは、酢、香辛料、それにさまざまな風味ある薬草からなる漬け汁でいっそう引き立てることができます。それでも、そのもったりした味が気にくわない方には、肉を数日間吊るし、そのあとで十分柔らかくなるまで丸槌で叩き、つづいてできるだけすばやく握り固め、さらにこれに細心の注意をはらって豚脂を差し込む（ピケ）ことをおすすめします。焼き方は、まず強火を当て、その後は静かな火で炙《あぶ》り、それぞれの好みに応じて焼き上げます。しかし私自身は、この腰肉ローストもまた、前章で述べた一般的な焼き方、すなわちピケも叩くことも、漬け汁に漬けることもなく、ただ単純に串に刺して焼くことを好みます。この料理の付け合わせには、茹でたジャガイモ、プロイセン風黒エンドウ、未成熟のインゲンマメなど澱粉質《でんぷん》の野菜に、オリーヴ油やレモン汁をかけたものがよいでしょう。これに、ニンジン、カブ、蒸したキュウリ、さらにはレタス、エンダイヴなど葉ものの野菜を添えることもできます。これらについては、第二巻で詳しく触れます。

仔牛、乳離れしない仔豚、肥育された家禽、あるいはその他の厚い脂身をもつ動物の肉は、いずれもまず強い直火で焼き、その後は、食卓に供するまで冷めないよう、といって液汁が気化しない程度に、弱火であぶります。

キジ、シギ、その他の脂肪の少ない鳥類は、新鮮なあるいは塩漬けした豚の脂身の薄い切片をシャツのように縫い合わせて、あるいは他の方法で固定させて包みます。フランス人は、よりいっそう乾燥から守るために、このシャツの上にさらに、オリーヴ油に浸した紙を被せることもします。これらの貴重な鳥は、奇妙な衣装にくるまれて、驚くほどゆたかな汁気と新鮮さを保つのです。これに、焼きものとしてのはっきりさせる味を与えるため、食卓に供する数分前にシャツを半分脱がせ、熱を肌に浸み込ませます。いうまでもないでしょうが、シギを焼く際には、その風味ある糞をかるく焦がした白パンの上に滴《したた》らせます。イタリアでは、シギを半分焼いたところでその内臓を取り出し、アンチョビや風味ある薬草と刻み、それを白パンにのせ、さらに焼き肉用深鍋で完全に煮つめたりします。

仔牛の肉、ウサギ、ヤマウズラ、それに仔牛の肝臓など繊細な素材は、ていねいにピケするか、あるいは表面全体を薄く切ったベーコンで覆います。これら甘い肉に心地よいコントラストを与えるため、塩気のきいたベーコンを付け合わせることをおすすめします。ですが、これらのことはいつの場合でも、食卓の主人の好みに左右されるものであり、分別ある料理人は、けっして主人から注意をそらすことがあってはなりません。

焼きものには、もとめるおいしさや栄養価を超える脂肪分が、含まれていることがあります。たとえばウナギです。ウンブリア地方トラジメーノ湖畔で私は、この魚の、それに脂の多いどんな魚にも多かれ少なかれ通用する、とても素敵な料理法を知りました。まず皮を剥いだウナギを適当な大きさに切り分け、それを鳥用の串に間隔をあけて刺し、ほどよい炭火で焼きます。魚の身から脂が滲《にじ》み出てきましたら、細かく擂《す》り潰《つぶ》した塩とパン粉を、脂が滲み出なくなるまでふりかけつづけます。この作業には、料理にはよくあることですが、軽率な勘《かん》にたよるのではなく、十分に注意を集中することがもとめられます。そして、食卓に供する前の数分間さらに強い火をあて、それぞれの塊が、まんべんなくカリカリとした外皮で覆われるよう、さらに入念に焼きあげます。このようにして、もともと消化に良くない過剰な脂肪分は、一部は滴《したた》り落ち、また一部はパン粉に吸い取られたあと削り落とされます。さらに好みに応じて、粉コショウなど刺激の強い薬味を利かせることもできます。この香ばしい外皮は、ウナギのまろやかな甘みに、とても心地よいコントラストを与えます。この料理は本当に素晴らしいものです。ですから私は、これが広くひろまり、バターで焼かれるか、あるいは蒸されるだけの野蛮なウナギ料理が、ドイツから追放されることを心から望みます。たしかにウナギを串に刺して焼くことは、ドイツの料理本でも紹介されています。しかしそこでは、新鮮さとこの魚本来の素晴らしい味を台無しにしてしまう、手の込んださまざまな下ごしらえが必須とされています。

上のウナギと同じ方法で、小さくぶつ切りにした仔牛、去勢羊、豚などの肉を焼くこともできます。その際、肉の間にスペインタマネギあるいはレヴァントタマネギを挟めば、いっそうよいでしょう。これは、あのおいしいトルコのケバブに似ています。味が淡白すぎれば肉の間に、しかし互いにあまり近づけないように、新鮮な月桂樹の葉、セージ、ローズマリー、あるいはその他の苦みのある、あるいは香りのよい薬草を挟むこともできます。またパン粉には、ウナギの場合よりは少し多めの塩、それに食卓を囲む人たちの最も多い意見に従って、さらにいくらかの香辛料を加えることもできます。

ここで、豚の新鮮なレバーを串に刺して焼くイタリア風料理について触れないわけにはいきません。それは、ぶつ切りにしたレバーを塩と香辛料で味つけし、さらに好みに応じてキャラウェイをふりかけたのち、豚の網脂《あみあぶら》（クレピーヌ）で包み、それを野性の月桂樹の新鮮な葉と交互に鳥用の串に刺します。これを強い火の上で元気に回転させて焼き、食卓に供します。秋の田舎の狩猟暮らしにはうってつけの料理ですが、あるいは都会の人には、消化がわるいかもしれません。

七面鳥のような大きな鳥の胸肉は、すばやく羽をむしり、肩の関節のところで切り取り、胸筋のまわりの皮を剥いだのち開けひろげ、できれば木製の串に刺し、網の上で焼きます。この種の焼きものには、繊細な野菜のほかに、こってりとした味の付け合わせがふさわしいでしょう。胸肉をとったのこりの部分も、やりくりの上手な家庭ではいろいろな使い道があるでしょう。

第七章　焼き肉のたれおよび油脂について

焼き肉の際、肉の表面が焦げすぎるのを防ぐに必要な湿り気を与えるには、できる限り同じ肉からの肉汁や脂を使うのが一般的です。異なる肉の脂は、たとえわずかでも、もとの肉独自の味を乱してしまうからです。もちろん素材の肉がもともと脂肪分の少ないこと、あるいはその肉が小さいことから、強い火で焼くうちに表面が乾き切ってしまうことも多くあります。その際には、どうしてもたれや獣脂の助けを借りねばなりません。しかしそのような場合でも、できる限り味や匂いのない脂か、あるいはごく良質のバターを使うよう、注意しなければなりません。小さい鳥には、精選されたオリーヴ油がもっとも適していますが、もちろんそれはドイツではいつでも手に入るものではなく、したがってやむを得ず、新鮮なケシやピーナツの油で代用されます。この種の油は、ほんのわずかな使用でも、小さな鳥を危険な焦げ付きから守るのに十分であり、また塩分をよく受け入れ、表面の皮をカリカリに焼きあげるのを助けます。このようにして、少ない火で内部を汁気ゆたかに保ったまま焼きあげることができるのです。小さな鳥を焼くとき以外に、たれとして植物油を使うことには、私は賛成できません。ひとつには、植物油はときには加熱すると粘り気を増し、消化を悪くするから、ふたつには、それは料理中に往々にして不快な苦みを生むからです。しかし、小さな野鳥に湿り気を与える分には、懸念《けねん》には及びません。この場合、串全体の湿り気を保つには小さじ一杯の油で十分であり、かつその多くは、滴《したた》り落ちるか、あるいは強い火で気化してしまうからです。

ここで私は、今話題にしている油脂について、少し一般的なことを述べさせていただきます。

食べものをあぶらっこく調理すること、バター、ベーコン、脂分の多い肉を摂りすぎることは、多くの人にとって有害といえるでしょう。しかし脂肪分の適度な摂取が内臓、関節、その他の器官の潤滑《じゅんかつ》を保つために欠かせません。このことは、どの医者も知っていることです。それゆえ、あらゆる農村地帯の貧しい人たちは本能的に、植物を主とした彼らの淡白な食材を獣脂、植物油、あるいはバターで湿らすのです。他方、常に野菜よりも肉をはるかに多く摂る富裕な人たちは、バランスを保つために、彼らの料理に脂肪の使用を、貧しい人たちが増やそうとするのと同じ程度に減らそうとするのです。

しかし如何に上品な料理でも、油脂の使用をまったく避けることはできません。それゆえ、できるだけ質の良い、身体を害さないものを手に入れるよう努めなければなりません。

上質のベーコンは、健康で逞《たくま》しく成長し、寒い季節に屠殺《とさつ》した豚からつくります。塩漬け燻製《くんせい》ベーコンの良し悪しは、その緊密さ、色、匂いで識別できます。

バターの質は、牧草地の性状や精製の仕方で決まります。ホルシュタイン、オランダ、スイスは、自然の恵みと清潔な環境に理性的な精製技術が合致して、すぐれたバターを産しています。甘く新鮮な牛乳のクリームからは、まちがいなく質の良いバターがつくられます。しかし牛乳の出があまり良くない、あるいは含まれる脂肪分が少ない地方では、脂肪分の分離をより完全にするため、クリームを発酵させ、凝固させることがあります。この場合どうしても、クリームに脂くさいチーズの味がうつり、それがバターにのこります。

普通のバターでも、新鮮な水の中で繰り返し十分に捏《こ》ねることで、あるいは静かに煮たて、根気よくアクをすくい取ることで、いくらかその質をよくすることができます。とくに秋のバターは、ホルシュタインのそれのように塩味を加えることで、あるいは上で述べたアク取りでチーズ成分を取り除き、春まで保存することができます。このようなバターは普通「純乳脂肪」と呼ばれ、パンを焼くときなどに使われます。

ガチョウの脂は、もちろん多く手に入るものではありませんが、ときには料理用として好まれます。もともとバターが珍しく、多くの場合ベーコンやラードが代用されるイタリアでは、ユダヤ人がガチョウの脂を使うとのことです。しかしその効用については、私も知りません。

オリーヴ油の需要は、気候の温和な地域では北方のバターと同程度ですが、南の地方では、もう絶対的です。私たち北の人間はこの油をただ冷たいソースに使いますが、揚げもの用としても獣脂やバターより適しており、ときには調味料としても他の油脂よりすぐれています。

オリーヴ油の品質は、土壌の性質と樹の手入れに左右されます。また精製の仕方でも、その良し悪しは決まります。たとえばカラブリアのオリーヴ油は、本来ならば素晴らしいものでした。しかしナポリ政府が搾油所に重い税金を課してから貧しい農民たちは、搾《しぼ》るための資金が十分たまるまでにオリーヴの実を腐らせてしまったのです。オリーヴの実は一度発酵してしまうと、その腐敗した果肉の不快な味が脂にうつり、それは決して消えることがないのです。それでも古代人は、そして今日でもプロヴァンス人は、油を人工的に浄化する方法を知っていたとのことです。立派な樹から質の良い油を採るには、実を素早く処理することが必要なのです。最初に圧力を加えることなく流れ出る油（エクストラ・ヴァージン）は、もっとも好まれる貴重品です。これは新鮮なうちに味わうものですが、搾ったものはある程度時間をかけて熟成させ、沈殿物を生じさせたあと使用します。

すぐれた油は、外観でもわかります。カプリ島それに教皇領のオレーヴァノとチヴィテッラ産のオリーヴ油は、水のように澄明《ちょうめい》で淀《よど》みなく流れ、油っこくもなく最良品とされており、それにつづくのが、黄色みを帯びるが透明で匂いのない、ただ少し舌の上で油っこく感じられるのがルッカ、カルチ、ジェノヴァ、コルフ島産のオリーヴ油です。古代ではギリシアおよびスペイン産のものが珍重されましたが、今日それらは別の名で取引されています。いわゆるプロヴァンス油は、均質ではなく、そこから北へ送り出されているものの大半は、中近東、イタリア、スペインで買い集められたものです。

第八章　蒸し焼きについて

キャプテン・クック、ブーゲンヴィル、そして最近でもイギリスや他の国の探検家は、今でも南洋諸島で普通に行われている焼いた石の上での、あるいは焼いた穴の中での焼き肉について報告しています。

この民俗的で単純な、明らかに料理芸術の厳格な様式に属する料理法に、私は強く惹きつけられます。もちろんこのような方法で焼かれた肉は、灰や炭、それに土にまみれて清潔ではありえないでしょう。そこで私は、この素朴で原始的ともいえる料理を、文明化した民族にあっては必須とされる清潔さと結びつけることはできないか、いろいろと考えてみました。そして思いついたのが、次の方法です。まずブリキの深皿に脂ののった雄牛、雄羊、あるいは豚肉の塊をのせ、次にそれをこの皿よりやや大きめの、錫メッキを施した厚手の鍋の中に置きます。その際、皿にのせた肉の塊は、鍋の空間をほとんど埋めても、その内壁には触れることのないよう注意します。つづいて鍋に蓋をし、さらにすべての隙間をたとえばパンの生地などで入念にふさぎ、それに赤熱する灰を山にしてかぶせ、肉の塊の大きさに応じて、四ないし六時間静かに放置します。時間がおわりに近づいたころ、灰に新たに赤熱する炭火を混ぜます。そして食卓に供する直前に、すべての灰をきれいに除き、鍋の蓋を開けます。このようにしてまちがいなく、汁気のゆたかな、まさにタヒチ風の焼き肉が出来上がります。

肉をのせる皿は、肉から滲《にじ》み出る汁を受けるための深さをもち、熱に強いブリキあるいはイギリス製炻器《せっき》のものをおすすめします。

牛、とくに豚の肉には、冬は八日前、夏はしかし四日前に、塩をふっておくとよいでしょう。いくらか匂いの強い羊の肉は、塩をふったあと、酢で湿した布で包《くる》んでおくのもよいでしょう。もし空間がまだあれば、肉のまわりにジャガイモを並べるのもよいでしょう。それは、滲み出る肉汁を吸い、とてもおいしくなります。

世にいう「焼き肉器」なるものも、南洋諸島の住民を真似しようと考えだされたのでしょう。しかしこれは肉を干からびさせてしまい、また器械の中で火を焚くことで、肉に炭の匂いと酸味を移してしまいます。料理人の吝《けち》な根性と手抜き仕事が、このようなつまらない道具を流行《はや》らせたのでしょう。

第九章　煮るということについて

私はすでに第三章で、深鍋の発明がもつ、その意義について注意を促しました。残念ながら私たちは、それを最初に考えついたひと、いやそれが発明された国さえ知りません。あるいはもしかしたら、プロメテウスの神話は、深鍋のことを暗示していたのかもしれません。土製の器の中に神秘的な方法で動き（水）と火（熱）を包み、空《から》であれば道徳の無価値の象徴として今日まで残されている、というものであったかもしれません。

それはともかく、私たちは、深鍋が遠い昔から存在したことは認めなければなりません。というのは、それはすでにモーセの物語りに登場しており、そこではエジプト人の肉用深鍋が、あたかも諺《ことわざ》のように繰り返し言及されているからです。また近年の大航海者が出会った野蛮な民族たちは、ほんのわずかな例外はあってもほとんどが、深鍋を知っていたとのことです。

深鍋の発明で、限りなく多くの自然の産物が食べられるものとされ、新しい食べ方も獲得されました。ついに人間は、煮ること、蒸すことを知り、また、動物食材を栄養豊富で風味ある植物界の産物と解き難く結びつけ、一体化させることを可能にしたのです。こうして料理術は、ありとあらゆる方向に発展することが約束されました。

さあ、深鍋を手にして、煮ものと蒸しものの領域に踏み込むことにしましょう。煮るとは、あるものを沸騰する液体の中で食べられるものに変えること、少なくとも食べられる可能性を高めることです。

第十章　肉と魚を煮ることについて

焼くことでは、ただ焼かれたものだけが得られます。しかし煮ることでは、煮られた肉のほかに、煮られた肉の煮出し汁が得られます。そしてこの肉煮出し汁（ブイヨン）の用途が、じつに多種多様なのです。

イギリス人のように、焼き肉に対して、たしかに称賛はすべきなのでしょうが、あまりに偏った愛を寄せる民族は、煮た肉に対して偏見をもつものです。私とて、煮過ぎて、ほとんどただの繊維と化した肉は、栄養価もなくまったくまずい食べものである、という有名な医者の意見には賛同します。しかし幸運なことに、落ち着いて、分別をもって制御された煮ものは、肉汁をたっぷり含む煮られた肉と、すぐれたブイヨンという、二重のよろこばしい産物をもたらすのです。

ブイヨンをとらないとはじめから決めた場合には、切った肉を石鹸を使わずに何度も洗った布でしっかりと包み、できるならば縫い合わせて、肉の厚さや種類によって時間は異なりますが、ゆっくりと煮込みます。イギリス人のいう「ボイルドマトン」は、このようにして羊のモモ肉を煮込んだもので、肉汁がゆたかで栄養価の高い料理です。この場合、前もって肉を（肉片の大きさに応じて）一二－二四時間塩水に漬けておくことをおすすめします。というのは、煮込んでいる間は塩をふることができないからです。しかし肉自体からも水分が出たり入ったりしているわけですから、煮汁をとおして塩分が肉に浸み込むこともあるのです。この肉からの水分の出入りこそが、良質でおいしいブイヨンと肉の煮ものを生むことになるのです。たとえば、パリで大人気のケッセル産鶏の煮込みとか、本来の意味でこってりとしたブイヨンに漬け込んだドンキン氏専売特許の肉缶詰などが、その例です。塩を利かせた肉をミルクで煮ることが好まれたことは、すでにアピキウスが書いています。ハムをワイン、あるいは風味ある薬草と香辛料を加えた水で煮込むこともあります。

肉にくらべれば、魚を煮ることはとても難しいといえます。しかし魚が豊富な海岸地方には、その地独特の煮方が伝っており、特にオランダでは、社会の階層の上下にかかわらずその技が、ことさら口に出すことなく受け継がれています。海から離れた地方では、名の知れた料理人さえ、しばしば失敗します。

私も、魚の煮方に関して、そのコツを理論化しようと試みたことがあります。ですが、うまく行きませんでした。魚の種類と大きさ、それが生きていた水、それが生を絶ってからの時間、天候、煮られる水の質、それらをいろいろ考えて実験も繰り返したのですが、結果はいつも違うものでした。魚を上手に、すなわち完全に熱をとおし、しかも崩れないように煮るには、オランダ人や、冬になるとトスカーナの岸辺にやってくるあのナポリの漁夫たちのような、本能的な勘《かん》が必要とされるのでしょう。

魚を煮ることは、ふたつの目的に分けられます。そのひとつは、魚自体を煮ること、そのふたつは、おいしい煮出し汁をつくることです。前者の場合、煮出し汁をとる必要はないのですから、ただ魚の肉から膠質《にかわしつ》が失われないよう注意します。それには、水が沸騰《ふっとう》してから魚を入れることです。というのは、急激な加熱は、丸のままのあるいは切り身の魚の外側を一気に収縮させ、内部の成分が外に浸み出すことを阻《はば》むからです。ですから魚を冷たいあるいは生ぬるい水から火にかけることは、避けねばなりません。同じ理由から、以前にも注意したことですが、洗い、内臓をとった魚を、たとえ冷たくても、水に浸けておくことも避けねばなりません。ただし海の魚には、前もって軽く塩をふることで味がよくなるものもありますから、その場合、煮る前にもう一度水洗いする必要があります。たとえばタラです。オランダ人は、これを常に薄く切り、少なくとも数時間塩水に浸けます。

海の魚は、手に入れば、海の水で煮るのが一番です。

ドイツのいくつかの地方では、どんな魚もタマネギ、酢、コショウを加えて煮込みます。これは必ずしも悪いことではなく、ときには魚本来の味を他のものへと高めることもあります。淡水魚の場合には、コショウの実と塩を多めに加えることもよいでしょう。私は、サケやマスを数日間煮こごりの中で保存したいときには、それらに酢を加えて煮込みます。いくつかの地方では、マスを上等のワインで煮込みますが、それはたしかに悪いことではないでしょう。ですが、渓流で獲れたマスから、あの独特の筆舌に尽くし難い繊細な味の多くを奪ってしまいます。サケやマスは、それ自体の煮出し汁とともに、ただ新鮮なバターと上質のパンを添えて食卓に供す、これが私の流儀です。

淡水ザリガニは、甲殻《こうかく》によって守られていますから、冷たい水から火にかけてもかまいません。この方がよりおいしいのではと、私はいつもそうしています。ある人たちは、ザリガニを「ショウ、塩、キャラウェイで味つけします。私もそれでよいと思いますが、もちろん食卓の主人の好みにしたがうのが一番です。

大型のウミザリガニ（ロブスター）やイチョウガニ類は、水が入り込まないように、また身から汁が浸み出さないように、口と肛門をコルクなどで塞《ふさ》ぎます。このことは、すでに前にも触れたバルトロメオ・スカッピもすすめています。ワタリガニは、海水で茹《ゆ》で、茹で上がったら塩をたっぷりとふりかけます。

第十一章　ブイヨンについて

おいしくてこってりとしたスープ用、あるいは野菜料理やソースの基材として、良質のブイヨンを得るには、肉を煮つめるのに細心の注意を払う必要があります。まず塩をふった肉を深鍋の底に並べ、水を縁《ふち》まで注いで火にかけ、弱火でゆっくりと、繰り返し丹念にアクをすくいながら、煮込みます。約二時間煮たら、まだ残っている不純物をすべて浮き上がらせるために、さらにひとつかみの塩を加えます。この間に、セロリ、ニンジン、ペタジリア、リーキなど、好みに応じてさまざまな香りのよい根菜や薬草を用意します。ただし、タマネギは避けた方がよいでしょう。何故なら、タマネギは、煮つめると気の抜けた味を出すからです。これら用意した薬味を、蒸発で減った煮汁が再びもとの縁まで戻るくらいまで加え、さらに約一時間、弱火で静かに煮込みます。加熱によって繊細な香りが失われるのが心配ならば、ある種の薬味は、出来上がったブイヨンに加えてもよいでしょう。煮ものや蒸しものにつきまとうふたつの危険、すなわち焦げつきと煙の侵入、これは是非とも避けねばなりません。

上質のブイヨンを得るには、金属製の平鍋より、陶製の深鍋を選ぶのがよいでしょう。平鍋では、煮つめて行くうちに汁が減り、肉が露出《ろしゅつ》して上辺《うわべ》は乾ききり、おそらく縁《へり》もまた焦げついて、美術用語でいう「肌あれ」が生じるからです。鍋が深ければ、肉は汁の中に沈み、乾くことはありません。これに関係することですが、スープ、温野菜、肉の蒸し料理を同時にこなす、背の高い円筒形の特殊な鍋も考案されています。使い方ですが、まず格子《こうし》の上にキャベツ、ニンジン、カブなどを並べ、その上に牛肉の塊を置き、軽く塩をふります。下の器には、蒸すためにとスープを得るのに十分な水を入れます。この鍋を火にかけ、数時間煮つめたら汁にスープ用薬草を投げ入れ、しばらく経ったらこれを取り出し、つづいてコメ、オオムギ、セモリーノなど穀粉を加えます。十分煮つめたら鍋を火から外し、開けて、まず下部のスープ、つづいて肉と野菜を取り出します。肉の脂は、煮ている間にすべて野菜が吸い取っていますから、ただブイヨンを得るときのように、改めて汁から取り除く必要はありません。このような使い方の頻度《ひんど》の多い倹《つま》しい家庭にとって、この種の調理器は是非とも必要でしょう。ドイツの鉄製が出回っていますが、もちろんブリキ製でもかまいません。

　ところでブイヨンは、いろいろな肉材を混ぜ合わせると、いっそうこってりとしたおいしい味を得ることができます。ですから肉屋さんのおまけやさまざまな料理で生じる生肉や骨の残りを砕《くだ》いたりつぶしたりして、それらを主役となる肉とともに煮込むこともできます。この場合、上質のブイヨンとスープ用に使う主役の肉をとり出したあと、鍋に残った沈殿物にさらに水を足して、さらに十分煮つめます。しかし、最初にとり出した上質のスープ用ブイヨンに、あとで水を足して得た二番煎《にばんせん》じの汁を混ぜてはいけません。ドイツの家庭でよくみられるこの混ぜ合わせは、けっして一体化することはなく、かえって味気ないまずいものに生まれ変わってしまうからです。二番目の出し汁は、ふたたび煮つめ直して奉公人の食卓に出すか、あるいは取って置き、次の日の野菜料理やソースに使えばよいでしょう。いずれにしても、新鮮なブイヨンをそれ相応に使うために、どんな煮汁も翌日まで取って置くことをおすすめします。というのは、ドイツで、特にイタリアで一般に行われているスープ鍋の補充には、普通上質のブイヨンが使われるのですが、それがないと、上に述べた二番煎じの、すなわち予備の出し汁が使われたりするからです。

あるひとたちは、スープ用と決めたブイヨンを、何の混ぜものもなく、鍋からとり出したあと、残ったスープ用肉にふたたび新しい水を足したりします。私は、このやり方には賛成できません。何故なら、一度煮つめた肉は、味見してみればすぐにわかることですが、改めて水で煮ることによって、まったくコクを失ってしまうからです。余裕のある家庭の台所、あるいは評判の良い料理店の厨房では、白色あるいは褐色の濃厚なブイヨンが、ソースやさまざまなおいしい料理に薄めて使うよう、常に蓄えられています。このクーリとも呼ばれるブイヨンは、時間を大いに節約しますから、特に料理店には向いています。ただこのクーリは、味をあまりにも均一化し、また長くとっておくと、特に夏などには、料理をだめにしてしまう恐れがあります。

フランス人は、よく肉に少量の仔牛や成牛のレバーを加えて煮込みます。これは、ブイヨンに多くのゼラチン質を与え、冷めれば、その煮こごりから必要なだけを切り取ることもできるからです。もちろんレバーは、慣れない者にはあまりうれしくない苦みを与えます。しかしフランス人は、このブイヨンをただ水で薄めることはせず、そのスープ鍋に大量の風味ある薬草や根菜を加えるのです。そしてこまめに火加減し、これらがけっして煮過ぎることのないよう十分に気を配ります。こうして、レバー入りブイヨンは、あの苦みをすっかり消され、まろやかな味に変えられるのです。

もう数年前になりますか、ご主人とともにイタリアを旅したとき、数か月滞在したローマのある御屋敷の厨房で私は、竈《かまど》のもっとも外側の煙出し口だけを使うことが許されました。そこで私は、そこに一個の背の高い筒型のスープ用深鍋を据えました。この深鍋に私は、蒲柳《ほりゅう》の体質がこってりしたローマの料理に耐えられない師匠でもあるご主人の指示で、毎日一ロート（約一六グラム）のハムと牛肉を二ポンド、仔牛の肉を一ポンド、若鶏を一羽、それにローマでは特に柔らかくて美味なハトを一羽入れて火にかけました。肉に十分に火がとおると、これに市場で手に入るだけの根菜類、薬草、風味ある野菜を加えて、さらに煮込みました。そして食卓の中央に野菜のスープを据え、そのまわりに四種の肉をアンチョビ、新鮮なバター、ハツカダイコン、生のキュウリなどを添えて並べました。私が野菜の種類を替え、また今日はこの肉、明日はあの肉をおとりになったからでしょうか、ご主人には、このまさに単純で最高に味付けされたオジャ・ポトリーダ〔ごった煮〕が常に目新しく見えたのでしょう。六週間の長きにわたってご主人は、他の料理をおもとめになることはありませんでした。この料理はそのまま、多くのお客様をもてなすことにも使えます。

こってりとしたブラウンスープ（ポタージュ・リエ）は、肉やハムの切り身を軽く焦がし、その上に濃いブイヨンを注ぎ、脂をすくい取ったあと、その汁で炙《あぶ》った肉を煮つめればできあがりです。このようにしてつくられた肉汁はときには中身が多いにもかかわらず淡白な通常のスープよりも、舌にいくらか重く感じられます。よく少量の砂糖をバターの中で焦がしてブラウンスープらしきものをつくるひとがいますが、その甘ったるい味は我慢できません。このようなまやかしは、少なくとも私の主張する料理術とは、相いれないものです。

イギリスの「フレッシュティー」に似た、フランス人がブイヨン・ド・プリムと呼ぶものは、あまりにもこってりとし、身体の弱い人、特に産褥につく、あるいは乳母の役をつとめる人にはおすすめできません。これは、まず小さく刻んだ成牛や仔牛、あるいは鶏の肉を一ないし二時間、煮出し汁に必要とされる量の冷水に浸します。この間に、肉のもっとも栄養があり、もっともおいしい成分、オスマゾマが溶け出すのです。つぎに、これらを入れた器を強火にかけ、好みに応じて薬草や根菜類を加え、アクをすくい取り、適量の塩で味つけします。さらに約半時間煮立てたのち、濾《こ》し器《き》で濾せば、見たところは澄んで淡い、しかも素晴らしくおいしく、こってりとしたブイヨンが出来上がります。

ところで、何といっても牛肉は、最高のスープ肉です。他の肉でのスープをつくるときでも、それに牛肉を加えることをおすすめします。ヒツジ、ヤギ、ブタ、ガチョウ、カモなど、脂が多く臭みのある肉は、上質のブイヨンをとるには適していません。やむを得ない場合以外、使うのは避けた方がよいでしょう。

ヒツジの肉の煮出し汁は、イタリア風にコメを加え、薄切りした白カブと煮つめれば、何とか我慢できるものになります。コメのまろやかさとカブの辛《から》みが、ヒツジの脂臭さを消してくれるのです。また、上で述べた筒型蒸し器による調理も参考にしてください。

魚の上質のブイヨンを得るには、まず魚を少なめの冷たい、あるいは生ぬるい水に浸し、これに刺激の強い香辛料を加え、つづいてゆっくりと時間をかけて煮つめます。最後に、好みに応じて風味のある薬草を、食卓に供す数分前に加えます。

第十二章　スープについて(1)

ヨーロッパのほとんどの地域では、ブイヨン（肉煮出し汁）が前菜用スープとして使われます。添える具材には、細かく切ったパン、穀粒《こくりゅう》、麺《めん》類、野菜、刻んだあるいは薄く切った肉、あるいはそれらを人工的に調合したものなどが使われ、食事がはじまってすぐに汁もので胃が満たされない程度の分量で加えられます。ですが、いくら具材に工夫を凝《こ》らしても、ブイヨンをつくる失敗を取り戻すことはできません。加熱が足りなかったり、アクを十分にとらなかったり、塩の量を間違えたり、あるいは煙を入れてしまったり、薬草や根菜を煮過ぎてその最善の味をこわしたり、ブイヨンをだめにする理由はじつにさまざまです。

パンを具にするスープは、おそらくもっとも単純で、あるいは最古のものかもしれません。しかしその発明は、近代のイタリアであったと思われます。というのは、スープという言葉は、どんな水分でも吸収するブヨブヨしたものを形容するズッポ、ズッパという近代イタリア語に由来しているからです。イタリア語では、今日でもズッパといえばパン入りスープのことであり、他のすべてのスープは、どろんとしたものあるいは粥（ムース）を意味するミネストラと呼ばれています。これらのことは、パン入りスープが源スープであり、他のすべてに先立つものである、とする私の見方を裏づけるようです。こってりとしたブイヨンをアツアツのまま、薄く切り軽く焦がした白パンに注げば、もちろん朝食にも、あるいはまた病人の養生食にも適した、上等の自家スープが出来上がります。

質のやや劣るコムギ粉からつくられた無発酵の自家製パンを薄く切り、ブイヨンでとろけるまで煮込むと、栄養価が高く、消化の良い夜食に適した、イタリア式自家スープとなります。またご承知のようにこのような粥状スープは、離乳食としてもすぐれています。しかし大人のためには、さらに風味ある薬草や、好みに合う野菜を加えてもよいでしょう。イタリア人は、ブイヨンがないときには、刻んだ薬草を少量の植物脂で炒《いた》め、これをただの水に加えて煮込み、スープとします。私には、これもけっして悪いものには思えません。

北方の国々の発酵ライ麦パンをブイヨンと結びつけることは、あまりよいこととは思えません。これは、甘みのある具を加えるか、あるいは思い切って酸っぱくするかです。甘味のある具としてはタマネギがあり、これを刻んで新鮮なバターで炒めるか、熱い灰の中で焼くかして使います。しかしいずれの場合でも、けっして焦がしてはいけません。丸のまま熱い灰の中で焼いたタマネギは、外側の皮をきれ

1　スープの素晴らしい効能は、フェーフェランド〔ドイツの医家一七六二―一八六三〕の書物に見えます。ところで、スープは比較的新しい食べ物です。イタリアでは、十六世紀にはまだ世に広まっておらず、イギリスでは、地方の台所ではまだ知られていません。〔ただし、スープに使ったであろう木製の匙は、古代の遺跡から発掘されている。〕

いに剥《は》ぎ、できるだけ薄く切り、こってりとしたブイヨンと煮立てます。その間に、必要なだけの乾いたライ麦パンを、これもまた薄く切り、前もって温めたスープ皿に並べ、その上に熱いタマネギスープを注ぎます。もし新鮮なタマゴが手に入れば、このスープに客の数だけの卵を柔らかく落とし、さらに煮立ててから、注意深くスープ皿に移します。こうすれば、新鮮な卵黄の甘味が、ライ麦パンの酸っぱさを和らげます。

キツネ色に焦がしたコムギ粉でとろみをつけたスープは、特にスイスやアルザス地方でじつにおいしくつくられますが、これはあまりにも一般的であり、ここであらためて取り上げる必要はないでしょう。

パンにつづく具材としては、それに近いものですが、コメ、オオムギ、砕いたスペルトムギ、それにオートムギ、ソバ、トウモロコシを挽き割りしたものなどが挙げられます。これらのものはどれも、煮つめ過ぎないことが肝心です。ただし、あとで濾《こ》し器《き》を通し、穀物の繊維質《せんいしつ》を完全に取り除くのであれば、煮つめてもかまいません。この煮つめて濾し器を通したスープは、卵黄でとろみをつけ、レモンの搾り汁を加えてまろやかにし、最後にバターで炒めた白パンの小片を散らします。オートムギの粗挽き粉をブイヨンで煮込み、濾《こ》したものは、多くの人にもっとも好まれるスープです。

澱粉そのものは、煮立つブイヨンの中でよく溶け、舌に快適なスープをつくります。しかしこのように使えるのは、いくつかの塊根《かいこん》から採られた澱粉の、それも粗めの粉です。たとえば、早くから旅行者の間でスープの具として知られており、イギリス人が西インド〔アメリカ大陸〕からヨーロッパに持ち込んだマニオクあるいはマンディオッカ澱粉（キャッサバ）です。私は、キャッサバの代わりに、ジャガイモの澱粉を使っています。これは、よく知られているように、生のジャガイモを擂り下ろし、それを繰り返し水洗いして得られます。私はこれに、風味のある根菜を同じく擂り下ろして加えます。もちろんこの根菜は、すでに擂《す》り下ろしているのですから、洗うことはできません。これらの擂り下ろしたものの中に、弱い火の上で、掻き混ぜながら良質のブイヨンを、十分に薄くなるまで注ぎ入れます。このスープには、いくつかの風味ある薬草、なかでもスイバ（スカンポ）がよく合います。また、バターで軽く焦がした白パンのよく乾いたものを、スープ皿の周りに並べるか、あるいは食卓に供するとき、細かくちぎってスープの上に散らします。また、もし手もとにあればのことですが、鶏あるいは鳩のレバーを細かく切って入れれば、このスープは、とびぬけて素晴らしいものになります。

ところで、澱粉にこだわり過ぎないためにも、ここで私は、いつもお客さまから喝采《かっさい》をいただく得意の澱粉スープをもうひとつだけご紹介します。まず、スープにとろみをつけるための少量のコムギ粉を用意します。しかしこの「少量」が微妙です。必要とされるスープの総量とよく勘案《かんあん》し、少な過ぎず、多過ぎず、慎重に匙《さじ》で加減します。これに、これもまた、少な過ぎず、多過ぎず、適量の新鮮なバターの塊を加え、両者を火にかけた陶製の鍋の中で、白くなるまで掻き混ぜます。この白く煮つまったものに、さらに強くかき混ぜながら、少しずつブイヨンを注ぎ、全体が液体でも固体でもない状態を保つよう、温度を注意深く加減します。これに、あまり熱くないブイヨンでといた数個の卵黄を流し込み、鍋を改めて火にかけ、煮立つ直前に粗くちぎったヨモギをひとつかみ投げ入れ、火から外します。こうして出来上がったスープを、塊ができないよう掻き混ぜながら、スープ皿に移します。また別に、薄く貝の形に切り、バターで軽く焦がしておいた白パンを乾かし、温めておきます。最後にその白パンをスープの上、もちろん完全に形を崩さないよう食卓に供する直前に散らします。

コムギ粉、卵、バターを捏《こ》ねて、ブイヨンで粥《かゆ》状に煮るといった、健康的でおいしいスープは、ドイツのいくらかましな料理本には、必ずといっていいほど紹介されています。このような料理は、南部ドイツではまさに国民的であり、母から娘へと代々受け継がれており、ここに改めて述べる必要はないでしょう。たしかにドイツでは、卵とバターをふんだんに使った、柔らかいスープ用麺《めん》が大変好まれています。それに対してイタリアでは、コムギ粉に水を差し、強い圧力をかけて捏ねあげた、多くは工場でつくられ、大気中で乾燥され、それゆえ長時間の保存の可能な、固い麺が好まれます。これらの麺は、その与えられた形でマカロニ、ヴェルミチェリ（ヴァーミセリ）などと呼び分けられています。その品質は、ムギの性質や粉の純度に左右されます。そのもの自体にはほとんど味がなく、それゆえこってりとした、たとえば上で述べたブラウンスープなど、刺激の強いスープと合わせます。この種の麺を茹《ゆ》でるには、イタリア人のやり方に従わねばなりません。すなわち、まず水あるいはブイヨンを沸騰させ、その中に麺を入れます。つぎに生ぬるい水の中でふやかし、粘り気のある粥状にするのです。

ブイヨンをよりおいしく、あるいはより栄養価の高いものにするには、野菜が必要です。その野菜については、特にふたつのことに注意しなければなりません。

そのひとつ、莢豆《さやまめ》類、たとえば完熟あるいは半熟のエンドウなどは、ドロドロに煮つめ、そのあとで、消化が悪く味もない莢《さや》あるいは皮を濾し器で取り除きます。そのふたつ、早穫りのエンドウ、柔らかいアスパラガスの頭部、それにすべての根菜類や薬草類は、それぞれの味や香りを逃さないため、煮過ぎないようにすることです。

さまざまな動物の肉を使って、スープにほどよいとろみを与えることができます。裏濾《うらこ》しスープ（ピューレ）には、いろいろな種類の野生あるいは家畜の肉が使われますが、これはよく知られていることであり、ここであらためて述べる必要もないでしょう。ただ、倹《つま》しい暮らしの家庭では、新鮮で清潔に保たれた余《あま》りの肉は、スープに使われるべきです。その際、削《そ》ぎ取った肉は小さく刻みますが、残った骨や筋は叩き潰します。まず潰した骨と筋を煮つめ、濾し器に通します。この汁で、小さく刻んだ肉を改めて煮つめます。状況に応じてこのスープは、ブイヨンでといた卵黄でとろみをつけても、あるいは繊細な薬草で風味をつけてもよいでしょう。しかし新鮮な根菜類を、潰した骨とともに煮つめ、目の細かい毛でつくられた篩《ふるい》あるいは金属製濾し器を通してもよいでしょう。当然のことですが、これら具材の質と量は、ピューレの基となる肉とのバランスで決めねばなりません。

仔牛の頭など、多くの部分が動物性膠質から成る肉類は、軽く茹で、冷ましたのち、ごく細かくあるいは薄く切り分けます。これらは、たとえば上で触れたブラウンブイヨンなど、非常にこってりとしたブイヨンで煮込み、同じブイヨンでゆっくりとのばします。ただこのやり方でのみ、あのねばねばした膠質はゆっくりと溶けだし、注ぎ足したブイヨン全体に拡散してゆくのです。この種のスープには、マデイラ・ワイン、あるいは酢と刺激の強い香辛料、あるいはまた少量の焦がしたコムギ粉などを加えます。これらの援けがなければ、それ自体は非常に栄養価の高いものでも、到底口には合わないからです。

固ゆでの卵の黄身、できましたら絞めたばかりの産卵鶏の卵巣、あるいは香辛料を十分に利かせた肉団子などを加えれば、海ガメスープそっくりのものが出来上がります。

この海ガメスープには、ドイツではただ港町でだけ、お目にかかれます。それは、たしかに上手に調理されているのですが、多くの場合、香辛料が利きすぎています。ザリガニスープは、ドイツの多くの地方で好まれています。このスープの味と色を決めるのは、いわゆるザリガニバターですが、これは、丸ごと潰したザリガニをバターで炒めて裏ごししたもので、ほかにも甘みのある多くのソースに使われます。あまり広くは知られていませんが、おすすめできるものにザリガニの殻を使ったスープがあります。まず身を抜き取った大きめのザリガニの甲殻《こうかく》に、そのザリガニの身、アンチョビ、あるいは他の小魚、あるいは削《そ》ぎ落《おと》した仔牛の肉を細かく刻み、これにつなぎとして卵黄とふやかした白パンを混ぜて詰めます。好みに応じて、香りのある薬草、タマネギなどを加えることもできます。つぎに、詰めものされた甲殻の外側に卵黄を塗り、パン粉を振りかけ、沸騰する獣脂で揚げます。これを、もちろん熱いうちに、しかし早すぎてほぐれてしまわないように、食卓の上ではじめてスープの中に入れます。

ブイヨンを使わない四旬節《しじゅんせつ》の精進料理としてのザリガニスープは、潰した黄色エンドウを加えることで、こってりとした味とより高い栄養価を得られます。しかしザリガニスープをブイヨンを使ってつくる場合には、ザリガニの潰した殻や内臓をバターで炒めるのではなく、ブイヨンともに煮込み、裏ごしすればよいでしょう。

昔から何でも甘くする傾向の強いドイツの一部の地方では、このザリガニスープの中にアーモンドや干しブドウを入れることがあります。この例など見ると、人間の食習慣とは恐ろしいものだと、つくづく思います。しかしこのような添加物の誤った使い方には、健康な人間の味覚はゾッとするのです。たいていの淡水魚の煮出し汁からも、おいしい四旬節などの精進料理用スープをつくることができます。ただ注意すべきことは、すでに上で見たように、魚は少ない水で適量の根菜とともに火にかけ、ゆっくりと煮込み、これに、まさに頃合いを見計《みはか》らって、香りある薬草を加えることです。このこってりとした健康的なスープは、イタリアでは頻繁《ひんぱん》につくられており、普通、薄く切ったライ麦パンに注ぎかけていただきます。膠質《にかわしつ》を比較的多く含み、すっきりとした味のカワカマスは、特にこの種のスープに適しています。肉と同じように魚を使っても、粥状のスープをつくることができます。この場合、焼いた魚を小さく刻み、それにふやかした白パン、卵黄、好みの香辛料を加えて、裏漉しします。魚のスープをブイヨンと結びつけるならば、何よりも脂の少ない仔牛の肉、特に仔牛の足の肉からとった煮汁を使うとよいでしょう。あるいは、せいぜい魚のスープを脂身の少ないハムの薄切りとともに煮込むぐらいでしょうか。

　春を告げるものは、刻んださまざま新鮮な薬草で好みに応じて酸味、あるいは強い刺激をつけたスープです。風味ある新鮮な薬草は、その味が格別であるだけでなく、冬の間かじかんだ気持ちをやわらげ、血を清らかにする効能をもつからです。しかしエンダイヴは、冬の間も同じように使えます。これを短めに切り、こってりとしたブイヨンでゆっくりと、しかし決して長過ぎることのないよう煮つめ、新鮮な卵黄でとろみをつけます。スープ皿に薄く切り軽く焦げ目をつけた白パンを並べ、その上に少量のブイヨンをたらし、パンが十分に柔らかくなると、その上にエンダイヴのスープを注ぎます。卵黄は、エンダイヴの独特の苦みを和らげる働きをするのですが、その苦み自体はけっして悪いものではなく、煮過ぎて元も子もなくならないよう、十分に気をつけることが大切です。

黄色カブ、セロリ、テンサイなどの根菜類は、ブイヨンと煮つめ、濾し器をとおし、さらにブイヨンで薄め、もう一度火にかければ、こってりとしたスープが出来上がります。これに、薄く切ってバターで焦がしたパンを付け合わせればよいでしょう。野菜のスープに関しては、挙げればきりがないのでこの辺で打ち切ります。すぐれた料理人、料理上手な家婦は、季節、土地の産品、またその時々の事情に応じて、もっとも適したものを選ぶことができるでしょう。

第十三章　ソースについて

「トゥンケ」(1)あるいは「ソース」(2)は、固体で可溶性のない食べものに合わせる液体の添え物です。この添え物には、次の三つの目的があります。そのひとつは、固体に液体を添わせて、食べものの喉《のど》の通りを容易にする、すなわち、より滑りやすくすること。そのふたつは、固体の食べものの味をより繊細にす

1　「トゥンケ」Tunke は、Eintunken「浸す」、「漬ける」からきています。多くのドイツの料理本では、間違って「煮出し汁」の意味としても使っています。「煮出し汁」は、本来「Brühe」で brühen「煮つめる」「煎じる」からきています。これは本来ブイヨンのことで、ソースではありません。

2　「ゾーセ（ソース）」Sosse は、フランス語の「Sauce」からきており、これはイタリア語の「salza」あるいは直接ラテン語の「salsum」、「salsa」を源としており、それらはいずれも「塩漬け」を意味しています。Salsugo や Salsiago は、プリニウスでは「塩水」の意味で使われており、アピキウス（第十巻）がいう「in salo」は、解説者を悩ませています。今日の意味でのソースをローマ人は「jus」と呼んでいました。この派生語「jura」は、中世にはおそらく「塩水」と単純化されていたと思われます。そしてこれに油、酢が加えられ、今日のヨーロッパ語「Salat」、「Salza」、「Sauce」、「Sosse」が生まれたのでしょう。

る、あるいは対照的な性格を与えてその味をいっそう引き立てること。その三つは、固体の食べものの栄養価を高める、あるいは消化を促進すること。

しかしどんなソースの場合でも、何よりも留意《りゅうい》すべきことは、合わせる固体対象物の味をいっそう引き立てるものを選ぶ、ということです。このことは、肉、魚あるいは野菜の料理に添えるソースが、対象とするそれぞれの肉、魚、野菜の煮出し汁を基材としておれば、まず間違いはないでしょう。対象とする食材から煮出し汁がとれない場合でも、少なくともそれにもっとも近い成分が含まれるよう、考えなければなりません。たとえば麺など、固いあるいは柔らかい澱粉料理に合わせるソースは、一般にミルク、卵、バター、それにコムギ粉からつくります。またたいていの澱粉料理には、果物の酸味が合うのも確かです。それは、ひとつには果物の柔らかい酸味が快い対照性を生むからでしょう。あるいは、そのまろやかな酸味がその種の料理の固さをやわらげ、消化をよくするからでしょう。

しかしソースを薄めるためには、どうしても出来合いのブイヨンを使わねばならないことがあります。このとき考慮しなければならないことは、そのソースの味をまろやか、あるいはこってりとさせるかということです。たとえばホワイトソースのようにまろやかなものでは、香辛料で味をつける前のつくり置きのブイヨンから必要なだけをすくい取って使います。それに対してこってりとした味のソースを薄めるには、どんなつくり置きのブイヨン、たとえば煮つめた根菜類や骨から溶け出したゼラチンの味のするもの、あるいは上の十一章で述べた二番出しの「倹約ブイヨン」を使うこともできます。大邸宅の厨房や評判の良い料理店の調理場には、この目的のためにそれぞれブラウン用あるいはホワイト用ブイヨン（クーリ）を貯えています。しかし一般の家庭では、それはできない相談です。

ソースをつくる際には、対象とする固体料理と、よく合う、それをよりおいしく、消化をたすける味の種類を前もって十分に調べておかねばなりません。このもっとも大切な段階を経て、ソースの実際の作成にとりかかります。まず注意すべきは、ソース全体を均一にまとめるために、もっとも適したとろみの材料を選ぶことです。古代人はこのために、細かいコムギ粉を使った彼らが「アミュルム」と呼んだとろみの材をいつも用意していました。(3) 私たち現代人は、ライムギあるいはスペルトコムギの細かい粉を、ふた通りに使い分けます。すなわちホワイトソースには、まず良質のバターとコムギ粉を真っ白くなるまで弱い火の上でかき混ぜます。これは、見た目にきれいな白色をつくりだすだけでなく、ホワイトソース特有のあのまろやかさと甘みをコムギ粉から完全に引き出すためです。しかしホワイトソースの真の特徴であるあのまろやかさを、ナツメグやレモンの皮など苦みをもつ香辛料で中和してはいけません。これに合うのは、ただトリュフや繊細なキノコ類、レモンの搾り汁、ザリガニ、ロブスター、カキなどを使ったやさしい風味料だけです。また多くの場合ホワイトソースは、ブイヨンで薄めた卵で、あるいはさらにこれにバターとコムギ粉を加えて掻き混ぜたもので、とろみをつけることもできます。もちろんとろみの材を替えるときには、それが本体の料理に合うかどうか、その都度十分に吟味しなければ

3　カトー、『農耕論』（八十七章）には、彼のいうアミュロンのつくり方が詳しく紹介されています。アピキウスは、料理にアミュルムをくりかえし使っていますが、そのつくり方は伝えていません。

ばなりません。野菜や薬草の中でホワイトソースに合うのは、アスパラガス、風味ある根菜類のほとんど、それにスイバ（スカンポ）、スベリヒユです。ただ根菜類の中でも、ニンジンとビートは合いません。セルフィーユ（チャーヴィル）、ペタジリア、ヨモギ、それにバジリコなど、刺激の強い薬草は、むしろブラウンソースに合います。

このブラウンソースには、バターで炒《いた》めたコムギ粉でとろみをつけます。しかし炒《い》った粉の代わりに、強く煮つめて粘り気を出したブラウンブイヨンを使えば、もっとよい味が出るでしょう。粉を炒《い》る際には、急ぎ過ぎて一部だけを焦がし、苦く渋い味にならないよう十分注意しなければなりません。これはビールの醸造現場でもよくあることですが、焦げつきによって味だけではなく、素材の栄養価をも駄目にしてしまうのです。ところで、美しく黄金色に炒めた粉は、胃にも良く作用します。ですから、これを使ったスープは、消化力の弱まった人の朝食にも、大いに役立ちます。

ブラウンソースは、苦みのあるあらゆる香辛料、強い酢、刺激の強い根菜類、キノコ類、薬草とも、なんの問題もなく合わせることができます。

炒《い》った粉は、白い粉の場合と同様、バターとともに弱い火の上で絶えず掻き混ぜながら、ブイヨンで薄めます。入念にゆっくりとかき混ぜながら薄めることによって、液体は次第に粉の細かい粒すべてに入り込み、それらを溶かし、互いに緊密に結びつけるのです。反対に、液体を一度に注げば、固体と液体は互いに離れ、それは見た目にだけでなく、味をも不快にするのです。

ここで、考えられるすべてのソースについて語ることはできません。個々の例については、以下のいろんなところで触れることもあるでしょう。それらの随意に取り挙げられる例においても、どうぞご自由に判断し、さらに想像力を働かせて下さるよう、お願いします。

第十四章　凝固したブイヨンとしてのゼリーについて

ゼリーは、動物性膠《にかわ》質を好みの液体と緊密に結びつけたものです。いかなるゼリーも、程度の差こそあれ熱を加えれば液体になり、膠質が少なければ、氷の援けなしでは凝固しません。それゆえフランス語ではジュレ、イタリア語ではジェラティーナ、すなわち「凍ったもの」と呼ばれます。ドイツ語のガレルトも、これらの外国語からきているのでしょう。

ゼリーは、しばしば冷たい肉や魚料理に添えられます。この点では、温かい料理におけるソースの役割を果たしているといえます。またゼリーは、定時の食事の長い間隔を楽しくうめる、非常に滋養に富み、消化の良い茶菓《さか》（おやつ）としても使われます。このことからゼリーは、鑑賞あるいは趣味料理（プラ・ド・グー）に属するものともいえます。この種の料理については、あとで触れる機会があるでしょう。またこのようなゼリーは、入念に調理されれば病人や体の弱い人の食べものとして、とても相応《ふさわ》しいといえます。

冷たい肉あるいは魚料理の付け合わせとしてのゼリーは、当然のことでしょうが、酸味のある力強い味であらねばなりません。冷たい肉、パイ、あるいは魚の傍らに、甘いゼリーがあっては、ゾッとします。ゼリーに力強い味をつけるには、膠をとる仔牛の足、あるいはイタリア風であれば子羊や鶏の足を、ハムの切り身や香り高い薬草とともに炙《あぶ》る、あるいはそれらを軽く焼いて、いくらかきつね色にしたりします。フランス人は、真水の中で煮ることで足あるいは他の膠を多く含む部位からゼリーを引き出し、そしてそれらに何らかの味をつける前に一度凍らせてその濃さを調べます。しかし私には、ただ甘くまろやかなゼリーの場合には、このようなやり方は必要でないと思われます。というのは、甘くまろやかな香辛料は、凝固には何の貢献もしないし、それればかりか調理に時間をかければ、その質や量をまったく意味の無いものにしてしまうからです。繰り返すまでもなく、こってりとしたブイヨン・ゼリーでは、あとに残る最も良い味は、足とともに炙《あぶ》られ、煮つめられ、肉や根菜類から出てくるのです。このようなことから私には、冷《さ》まされたあとで、レモンの搾り汁、ワイン、酢、それに繊細な薬草を加えるドイツ式やり方が、よいのではないかと思われます。少なくとも、繊細な薬草の風味は、はじめから火にかければ必ずや完全に失われてしまいます。

魚料理に使うゼリーは、「シカの角」あるいは「チョウザメの浮き袋」（鰾膠《にべ》）、あるいはそれらに似た魚の背鰭や尾鰭を原料としたブイヨンからつくります。これら魚のゼリーは、臭みをとるために、ワインやレモンの搾り汁を多めに、また風味ある薬草をたくさん加えることが大切です。

ゼリーの調理法については、普通の料理本にも役立つ情報が紹介されており、ここで詳細に触れる必要はないでしょう。ただみなさんに注意したいのは、それらの料理本が紹介する混合や添加が、おいしいゼリーを調理するのに本当に必要かどうかを確かめていただきたいということです。特に次のことには、十分に注意しなければなりません。

ひとつは、液体が、もとめる温度で凝固するに十分な膠質を含んでいるか。だからといって、膠質の含有が多過ぎてはいけません。あまり粘り気の多いゼリーは、不透明で見た目も悪く、例外なく不快な膠質の味を残すからです。もうひとつは、香辛料や酸の選択は、十分に吟味されているか、ということです。ゼリーが対象の料理と互いに調和していることが、味を高める必須《ひっす》の条件だからです。

香り高い薬草や繊細な調味料は、いつでもいえることですが、調理の最後に加えることです。

第十五章　肉を蒸す、蒸し煮する、煮込むことについて

ここで述べる調理法は、人間が深鍋を発明してから生まれたもっとも素晴らしいものです。これらは、どんな肉でも適合するのですが、特に、固い繊維をもち、より大きな塊で調理されるものです。

蒸すあるいはゆっくり煮込むことは、肉自体に熱をとおすだけが唯一の目的ではありません。むしろ、肉料理にソースとして使えるこってりとしたブイヨンを得ることにも注意しなければなりません。というのは、煮込んだ肉の下にたまった濃厚なブイヨンは、その肉にとって多くの場合なんの添加物もなく最良のソースとなりますし、加えるものが必要なあるいは好みに応じる場合でも、その肉の味と調和するソースの基材となるからです。それゆえ、蒸したあるいは煮込んだ肉に、別につくった特別のソースを用意することは、じつに馬鹿げたことなのです。

おいしい煮込み肉を簡単に調理するためには、まず数枚のハムの小片を鍋あるいはキャセロールの底に敷き、その上にいくつかの根菜類と、好みに応じてタマネギあるいはエシャロットを並べます。そしてその上に、煮込もうとする肉を置き、鍋に、それが深くなければ縁《ふち》のところまで、真水あるいは冷たい「倹約ブイヨン」〔上の十一章参照〕を満たし、二時間から四時間半、弱い石炭火で肉汁が約三分の一に

なるまで煮つめます。その間、何度も肉を裏返し、石炭の火が四方に広がり、中心部に集まることなく、焦げつかないよう注意します。肉が煮つまったら、濾し器を使ってブイヨンをとります。このときはじめて、ブイヨンにヨモギあるいはバジリコといった、香りのある薬草を加えます。これは、たとえ肉が冷めないよう蓋をかぶせておいたとしても、短い時間に手早くしなければなりません。しかしトリュフ、アミガサタケ、あるいは他のキノコ類をブイヨンに加えるのであれば、それらをまずワイン、肉汁、あるいはいくらかのバターとともに煮込んだあと、濾し器を通したブイヨンに加え、手早くもう一度火にかけねばなりません。オリーヴ、ケイパーなどを塩あるいは酢に漬けたものは、ただブイヨンとともにもう一度煮てもかまいません。

ところで、肉や根菜類の下に敷くハムの小片を前もって炙《あぶ》っておけば、ブイヨンに特別の味を与えることができます。こうすることによって、煮込まれた肉のソースはキツネ色になり、たとえば牛とかヒツジといった、固い肉にいっそう合う独特の性格を与えるからです。この肉をもっとおいしくするには、肉を煮る前に、天候によってその日数は変わりますが、それでも数日、いろいろな薬草を酢で煎じた汁の中に浸すか、あるいは、そのような酢を吸い込ませた布に包《くる》んでおくのです。このような酸味のついたキツネ色の肉に添えるソースに、炒《い》ったコムギ粉を加えてとろみをつけることは、けっして悪くはないでしょうが、必ずしもすすめられることでもありません。煮込みの肉料理に、いわゆるクーリ、すなわち大邸宅の厨房や料理屋の調理室に作り置きされ、好みに応じてソースを薄めるブイヨンを使うことには、賛成できません。というのは、すべてをよく考慮して煮込まれた肉料理は、その煮込みの過程で独自のこってりとした、よく調和するブイヨンをつくっており、他から持ってくることはまったく余計なことだからです。それにもうひとつ、作り置きのブイヨンは、その物足りない画一性で料理の味を損ない、さらにはさまざまな肉の種類に有機的に合わず、下手な料理をつくり出してしまうからです。

同じ方法で、ヒツジのモモ肉もおいしく煮込めます。匂いの強い脂身を取り除き(これをつましい家婦は他の不要な脂身とともに煮つめて取っておき、石鹸と交換します)、事情に応じてですが、準備には、上で述べたよりは数日長い時間が必要とされます。このように下ごしらえした肉を木槌でたたき、短く整え、豚の脂身を差し込み（ピケ）、煮込みます。間違って「鹿のモモ肉」と呼ばれているのが、冷たくしても食卓に供することのできるこの料理です。牛肉の赤身、特にヒレ肉もまた、同じように料理できます。この種の肉料理の付け合わせには、味つけしないジャガイモ、南ドイツではクネーデルが最適です。もっとも庶民の食卓では、これらが主食とされています。また、上述の方法で漬けておいた肉は、特に簡単に茹でておけば、ある程度の時間そのままとっておくことができます。それゆえ、田舎の客好きな家庭には適しています。

さらに、このように、すなわちこってりとしたキツネ色のブイヨンを使って、さまざまな野鳥、それにガチョウ、カモなど飼育された鳥でも、煮込むことができます。仔牛の肉も、少量のハムの薄切りや風味ある根菜類とともに、もちろんこの場合には酸味や薬草は一切加えず、ゆっくりと煮込みます。上のように料理する仔牛の肉は、まず適当な大きさに切りとり、それをたたいて柔らかくし、短く整え、ていねいにピケします。この料理は、「フリカンドー」と呼ばれます。このような白く甘い肉は、鶏、七面鳥、若い鳩などの柔らかい鳥肉と同様、当然のことながら、やさしいホワイトソースを使ってもおいしくいただけます。これらは、少量の根菜類や薬草を加えた、たっぷりな「倹約ブイヨン」とともに火にかけ、しっかりと蓋をし、ゆっくりと、しかし長過ぎないように煮込みます。このブイヨンには、白く掻き混ぜたコムギ粉でとろみをつけ、やさしく風味のあるもの、たとえば、ザリガニバター〔上の十二章参照〕、ザリガニの身、シャンピニオン、カリフラワー、アスパラガス、セイヨウゴボウ、あるいは細かく刻み、よく混ぜた薬草類などを、手もとにあればあるいは好みに応じて加えて、おいしいスープをつくります。

若い家禽あるいは子羊の肉は、小さく刻めば、はやく熱を通すことができます。この刻んだ肉に上に挙げた風味ある野菜、あるいはまた早穫りのエンドウ、若いニンジンなどを添え、「倹約ブイヨン」を注ぎ、ゆっくりと柔らかくなるまで煮込みます。このような刻み料理（フリカッセ）に特別なソースは要りませんし、コムギ粉を加えることも必要ありません。ここでつくられたブイヨンを使えば、それがもっともおいしいのです。

仔牛の腰からとり、筋《すじ》を抜いた柔らかい肉は、小さく同じ大きさの塊に切り分け、叩き、形を整え、ピケし、少量の「倹約ブイヨン」でゆっくりと煮込みます。その煮汁のソースは、少量の白くふやかしたコムギ粉とともに煮つめ、小さく刻んだスイバあるいはヨモギで風味を添え、わずかなバジリコとそれより少し多めのセルフィーユ、ペタジリアで味つけます。

サルミも煮込み料理のひとつです。この料理にはどんな野鳥も使えますが、もちろんシギ、ノハラツグミ、ヤマウズラがもっとも適しています。

おいしいサルミのつくり方。生きた小鳥の胴から胸の部分をその下についた骨とともに切り取り、豚の脂身を刺した（ピケ）のち、まずブリキの器に薄く切ったベーコンを敷き、その上に皮を下にした胸肉を置きます。しばらく落ち着かせたのち、この器をタルト鍋（ココット）の中に入れ、下からよりも上から多くの火を当て、水気がなくならないよう注意しながら煮込みます。

他方、鳥ののこった部分（シギとノハラツグミはすべての内臓とともに、ミヤマウヅラやノガモその他は腸と胃を取り除く）を少量のアンチョビとその塩分、それにほんの少しのエシャロットを加えて潰します。この間に助手は、脂の比較的多いハムの薄切りを軽く炙り、その上に潰したものを載せ、少量の「倹約ブイヨン」でのばし、一時間ないし二時間やさしく煮込みます。十分に煮込んだら、これにヨモギあるいはエシャロットを浸けた酢を匙《さじ》一杯あるいは二杯ほど混ぜ、目の細かい濾《こ》し器《き》で濾します。濾し器がつまるようでしたら、少量の濃いブイヨンでのばします。この濾したものを別の器にとり、火にかけ、粥状になるまで煮つめます。これにレモンの搾り汁を加え、掻きまわしたあと、皿の上にひろげ、はじめにトルテ鍋で煮つめた胸肉をその周囲に丸く並べます。ですが、軽く焦がした白パンの薄切りを周りに並べたいのであれば、胸肉は中央部にきれいに盛り付けます。

サルミが、たとえばノガモ、あるいはキジといった大きめの鳥からつくられるときには、調理された胸肉を食卓に載せる前に、同じ大きさで見た目にきれいに砕いておきます。というのは、この料理はいつも脇皿《わきさら》で供されますので、食事がはじまってから配《はい》されるからです。

鳥を切りさいてから、煮込むことがあります。しかしこうすると、本来のサルミ煮汁が、そのこってりとした味を失います。たしかにこのやり方は、前の食卓の余《あま》りものが使えるという利点もありますが、けっしておすすめできるものではありません。シギのサルミのときには、この野鳥の繊細な味を失わないために、一切の香辛料を使わない方がよいでしょう。この鳥は、サルミにする前に串に刺して焼いておくのが常ですが、その際には焼き過ぎないよう十分注意してください。

ノハラツグミのサルミには、少量のネズの実（杜松子《としょうし》）を潰して加えます。ノガモの場合には、火から下ろす直前にヨモギやバジリコ、しかしキジの場合には、細かく刻んだトリュフをサルミの汁の中に入れます。

かつてフランスの厨房をにぎわした料理ジュリエンヌは、その調理法から蒸しものに属します。これは、ブリキ製あるいは銀製のプディングの型《かた》を使って上手に仕上げることができます。型の内側にベーコンの小片を敷き、その上にさまざまな根菜類の薄切りと、香りある薬草、カリフラワーの蕾《つぼみ》、あるいはブロッコリーを混ぜたものをきれいにならべ、その真ん中に、筋をとり、槌でたたき、ベーコンを刺した仔牛の肉の塊を置きます。これら全体に塩を利かせ、型を沸騰《ふっとう》する水の中、あるいはトルテ鍋の中に据えます。沸騰する鍋の中に浸す場合には、鍋の底について中身が焦げつかないよう、型を吊り下げるのですが、そのためには、ホックが付いていることが必要です。トルテ鍋を使う場合には、弱火でゆっくりと加熱することが必要です。

十分に火が通った中身を型《かた》からとり出すとき、根菜類は最初のままの状態を保つように注意し、ベーコンの小片も入念に剥《は》ぎ、手を加えながらきれいに盛り付けます。

これはよくあることですが、この料理の素材をそれぞれ別に調理すれば、いっそうきれいに盛り付けることができるでしょう。しかしそうすれば、味と栄養価がかなり失われます。私は、このジュリエンヌを肉厚の魚、たとえばチョウザメ、サケ、白チョウザメ、ドナウサケ（イトウ）を使ってつくってみました。これらの魚の骨を取り除いた身に、ベーコンの代わりに骨を抜いたイワシを刺し、シナモンの代わりにいろいろなコショウ（トウガラシ）とほんのわずかなショウガで味をつけてみました。

魚、特に淡水産の小さめの魚は、いろいろな根菜類、それも比較的甘みの少ないものを多く、いくかの薬草、粒状コショウを加えて、濃厚なブイヨンの中でゆっくりと煮つめます。そして皿を温め、軽く炙《あぶ》り、新鮮なバターを塗った白パンの薄切りを敷き、その上に魚と根菜をきれいに並べ、魚を煮た濃い汁をゆっくりと注ぎます。この料理は、フランス人のマトロートよりオランダ人のワーテルソーチャに似ています。

つぎに、魚の最高の蒸し料理を紹介します。これには、マス、ドルシェ（マダラの子）など、肉の柔らかい、おいしい魚を使います。魚を比較的大きめの塊に切り、それを銀製のキャセロールの中に、新鮮なバターの塊と交互に並べ、パンくず、レモンの搾り汁、香りのある薬草を加え、塩と香辛料を利かせます。このキャセロールを筒型蒸し器あるいはトルテ鍋の中に据え、魚が完全に煮えるまで火にかけます。

ゼリーの中に沈める魚は、その自然のままの姿をのこすためには、ただ茹でるだけでよいでしょう。

しかし特に肉厚の魚がそうですが、丸っこい肉の塊を残すために背骨や小骨を抜くのであれば、蒸す方がよいでしょう。

ウナギ、サケ、ドナウサケ（イトウ）、クジラなどの肉厚の魚の蒸し煮。魚の身を同じ高さで横長に切り分け、背骨や小骨を取り除き、すべての切り身をひとつの塊にまとめます。好みに応じて、アンチョビ、エシャロット、香りある薬草を細かく刻み、それを多めの香辛料と混ぜ合わせ、少しずつ切り身の間に刺し込みます。キャセロールあるいは平鍋の底に新鮮なベーコンの薄切りを敷き、その上に魚の身の塊を載せ、塊が沈まない程度に水を満たします。蓋をし、一時間半から二時間、弱火の上でゆっくりと蒸し煮します。これに、匙数杯の酢、少量のレモンの搾り汁、必要ならば塩を足し、さらに数分放置します。つぎに魚の塊を注意深くブリキの器に移し、自然に互いにくっつくまで冷まします。この塊が丸ければ、ヨモギの新鮮な枝を冠の形に巻き付け、その上から魚の煮汁でできたゼリーを滴り落としまます。新鮮なヨモギは、料理に香りを付加するだけでなく、それ自体、ゼリーが透明であれば、見た目のうつくしさをつくり出します。

手もとに陶製のプディングの型があれば、その中に上のような魚の塊と刻んだものとを趣味に合わせてきれいに並べ、ていねいに納めます。そして型を逆さにし、筒型蒸し器あるいはトルテ鍋に入れ、ほどよい熱度で十分に蒸します。その間ときどき、白ワインとレモン半分の搾り汁で水気を与えます。型に入れたまま、形が崩れなくなるまで冷まし、十分固まったらひっくり返します。自然にできたゼリーは、プディングの型の姿をそのまま引き継ぎます。ゼリーがうまく抜けないときは、型を温かい水を満たした器の中に、ただ瞬間ですが浸すのもよいでしょう。

第十六章　油で揚げることについて

どんな揚げものでも、上手に仕上げるにはふたつのことが必須《ひっす》の条件です。混じり気のない良質の「油」と、それを十分に加熱する「高温」です。揚げもの（フリット）がまったく国民的であるイタリアでは、農婦でもそれを心得ています。しかし北方では、おいしいフリットを自慢できる料理人はわずかです。

揚げるには、浮き滓《かす》をすくい取って純化された無塩バター、ラード（豚脂）、良質のオリーヴ油を使います。中でもオリーヴ油は、揚げたものの表面がカラッと仕上がり、特に魚を揚げるのに適しています。

食材を入れる前、上ですでに触れたように、油は強い火で、できるだけ高い温度で沸騰させておかねばなりません。揚《あ》がったものが油の表面に浮くかあるいは跳ね上がれば、茶色くなり過ぎないよう、急いでそれを網杓子ですくい取らねばなりません。黄金色になれば十分熱は通り、カラッとして、見た目もよいのです。

すくい取ったものは、温められた金属性の網に載せて油の滴《しずく》を落とすか、あるいは温めた皿に敷いた吸い取り紙の上に置きます。煮え立つ油からひとつひとつすくい、それに細かく擂《す》り潰した塩をふりかけます。塩のふり過ぎには、十分注意してください。

たとえば仔牛の頭のように、熱の通りにくいものはあらかじめ半茹《ゆ》でにするか、あるいは少なくとも薄くスライスしておくとよいでしょう。魚の場合、何の問題もありません。小さな魚はそのまま、大きな魚でも切り分けておけば容易に熱が通ります。

カリフラワー、アーティチョーク、仔牛の頭などは、卵黄、細かいコムギ粉、パン粉からなる衣《ころも》で覆い、仔牛や子山羊のレバー、スイカの皮、熟したカボチャ、大きめのキノコなどは、薄く細長く切り、衣はつけない方がよいでしょう。

小さく刻んだものは、オブラートで包み、卵黄にくぐらせ、パン粉をまぶして揚げます。ごく薄く細長くスライスした牛の唇などは、卵黄あるいはレモンの搾り汁で、あるいはふやかして乳鉢《にゅうばち》で擂《す》り潰《つぶ》し、濾《こ》し器《き》を通したコメをつなぎとします。このようなつなぎ材は、いくらでも変えることができます。

パセリ、セージなど繊細な薬草はカラッと揚げて、他の揚げものの飾り、またおいしい添え物となります。このような薬草を上手に揚げることはとても難しく、多くのところで、渡《わた》り料理人の採用試験とされます。

プラム、モモ、リンゴ、マルメロなどは、コムギ粉、ミルク、卵などを混ぜたやさしい衣《ころも》で包み、揚げたものには砂糖をまぶします。これは、もはやお菓子というべきでしょう。

揚げものは一般に、ただそれだけで、あるいはレモンの搾り汁をかけて食卓に供します。これらは、そのさっぱりとした味ゆえに、特に前菜にするとよいでしょう。

第十七章　肉詰めのパイについて

肉汁と繊細な薬味の香りを厚い生地に閉じ込めて油で揚げ、そこに閉じ込められたものをそれ自身の汁の中で煮つめる、これは、まさに洗練をきわめた料理法のひとつといえるでしょう。しかしその起源については、今のところ私には何もいえません。

生ハムと、前もって水、ミルク、あるいはワインで柔らかくしておいた燻製《くんせい》ハムを無発酵《むはっこう》のパン生地で包んで油で揚げる、これはすでに昔から広く行われていた家庭料理です。ストーブの適当な熱、味のない生地、これこそがこの料理の十分な条件です。ただ、たとえば生地の水気が多く熱を急激に加えればはじける場合など、最良のハムでさえ湿り気をなくして味を失ってしまうことがあります。ですから初心者に私は、油で揚げる際にはけっして目を離さないようにと忠告します。

どんな揚げものにも必要なことですが、この料理では普通あるいは特別な生地でも、それで素晴らしい壁《かべ》をつくり、その中に生の肉を、さまざまな香辛料、脂身、食欲をそそる刻みものとともに詰め、これらすべてを同じ生地でつくられた蓋《ふた》でしっかりと閉じ込め、時間をかけて熱を十分に通すことです。この料理はパイ（パステーテ、パテ）と呼ばれ、イタリア語のパスタ（生地）からきています。じじつ私は、イタリアの中世に本来のパイのもっとも早い痕跡《こんせき》を見つけました。このことは、言葉自体のはじまりからしても、パイが近世イタリアの発明であることを語っているかに見えます。

パイは、私たちの大都会では、いまや敬遠される贅沢品のひとつになっています。本来これは、ソーセージなどのように、長期保存に適した安価で手に入りやすい食べものでした。ですから、客を招くのが好きな家庭では、それに適したどんな食材からも、おいしく長持ちするパイをつくることができねばなりません。

上を見ればきりがありません。たしかに良質のトリュフは、この料理にとっての非常にすぐれた香味料です。しかしヨーロッパの大半でそうであるように、質の高いトリュフを手に入れることは容易ではありません。そこで、他のさまざまな風味料を使って、冷たくした、突然の来客にも備えたパイをつくる必要があります。繊細な薬草、アミガサタケなど香りの良いキノコ、それにタマネギ、それに注意して使えばヒメニンニクさえも、このような料理にそれぞれ変わった風味を与えます。詰める肉の種類を臨機応変《りんきおうへん》に選び混ぜ合わせれば、トリュフがなくともかまいません。

仔牛の肉、あるいはハム、あるいは家禽《かきん》の肉は、手に入りやすい食材ですし、これらをレバー、新鮮なあるいは塩漬けしたベーコン、さらに香りの良い風味料を細かく刻んだものと幾重《いくえ》にもかさねれば、これでおいしい家庭用パイができあがります。鳥は、生きたまま解体し、骨を取り除いておけば、食卓に供するとき便利です。このようなパイの中では、キジの胸肉を使ったものが最高です。どんな猟獣や野鳥でも、上で述べたような刻みものと混ぜるときには、刺激の強い薬草や香辛料を多く、ときにはレモンの酸味、あるいは酢そのものを加えることが必要でしょう。野鳥の胸肉は、サルミの場合と同じに下ごしらえをします。胸肉以外は、生《なま》のまま擂《す》り潰《つぶ》し、薬草をひたした酢を加えて冷たいまま濾し器を通し、これに多めのベーコンと少量の仔牛のレバーを刻んだものを混ぜます。このようにすれば、刻んだものと本来の胸肉はよく結びつきます。

フランス人は、前もって調理した肉をパイに詰めます。しかしこれでは、閉ざされた状態ですべてのものを肉汁で煮つめるという、パイ本来の長所がまったく意味をなさなくなります。すなわち、肉も刻みものも生で詰めた方がよいのです。もちろん、家鴨《あひる》、鳩、若い雄鶏《おんどり》、去勢された雄鶏、若い雌鶏《めんどり》、七面鳥、鵞鳥《がちょう》といった家禽のレバーを使ったパイは例外です。

カワカマス、あるいは海の魚、特にタラのレバーは、パイに詰めることができます。これらのパイは、あまり遠くに送ることも長く保存することもできません。またトリュフや他のキノコ類を加えても、風味がよくなることもありません。

ありとあらゆるものがパイには使えます。まさに有能な料理人は、それらの組み合わせに彼らの想像力と判断力を発揮できるのです。

いわゆる熱いパイとは、生地の皮で包んだサルミあるいは蒸し料理のことです。すでに述べたように、中身は生で詰められ、生地の中で煮つめれば、その方がよいのです。しかし、それでも詰めものに汁気が多いと、皮が破れてしまうことがあります。もちろん汁気の少ないものを選べばこの危険は避けられますが、反対に中身が水気を失う心配があります。このときは、パイの蓋に穴を開け、そこから液状のゼリーを滴《したた》り落とせばよいでしょう。一言付け加えれば、熱いパイにはこってりとしたソースが合います。

ここでパイの生地について語ることは、話の順序をこわしてしまいます。それについては、第二巻の穀粉《こくふん》についての項で述べます。

冷たいパイの添え物には、上質の酸味のきいたゼリーが望まれます。もちろんゼリーの味は、パイごとに選ぶことが必要です。

第十八章　煮る詰めものについて

鳥の腹に詰めものをして煮つめる、この種の調理は、本来「肉を煮る」の項（第十章）に属するものです。しかし私は、パイに似た工程をもつこの調理をここで取り上げます。

七面鳥、去勢した雄鶏《おんどり》、若い雌鶏《めんどり》、それに撃《う》たれた傷の小さい新鮮なキジなど、比較的大型の鳥は、皮がきれいにのこるよう注意して骨を除きます。鳥のレバー、ベーコンを、好みに応じて香辛料を加えて、細かく刻みます。これを骨をとった鳥に詰め、刻みものの間に鳥の長さいっぱいに、細長く切った燻製のハムを挟みます。もし手元にあれば、トリュフあるいは風味の良いキノコ類を刻みもの全体の行き渡るよう散らします。詰めものははじけることがあり、また味が平均するためにも、あまり固くならないよう注意します。

たとえば成長した七面鳥のように鳥が大きい場合には、去勢した雄鶏あるいはキジの肉厚な部分、あるいは数羽のヤマウズラの胸肉、あるいは柔らかい、しかも叩いて伸ばした仔牛の肉を詰めることもできます。この料理は、よくあることですが、詰める肉をあまりにも小さく采《さい》の目に切ると、味をつまらないものにしてしまいます。舌はたしかに調和する味を好みますが、それ以上に、さまざまな異なる味を楽しむものです。ですから詰めものが多様であれば、それらを舌の上でひとつの味になるほど完全に混ぜ合わせるか、あるいは、交互にそれ自体の味がわかるほど個々に独立させるか、どちらかに決める必要があります。

　中身となるものを骨を抜いた鳥に詰め、皮の開口部を入念に縫い合わせます。つぎに、石鹸を使わずに洗った布で全体を包み、しっかりと縫い合わせます。これを塩を利かせた水の中で二時間から四時間、静かに煮たてます。布に包んだまま冷まし、つづいて糸くずがつかないよう注意深く取り出します。その間に、酸味のあるゼリーを用意しておき、それをゆっくりと、詰めものした鳥の上に垂《た》らします。このゼリーは、同じ鳥からとった骨を煮込んでつくったものを使えば、その結びつきはいっそう強くなります。

第十九章　肉や魚を食べられる状態で長期間保存する方法について

私が徒弟としての料理の手ほどきをうけたのは、ある裕福な貴族の田園でのお屋敷でした。当時お屋敷には、今とちがって菜園《さいえん》や温室はていねいに管理され、家禽《かきん》の小屋も鳥であふれ、さまざまな家畜もありあまるほど肥育されていました。夏をとおして野菜類は貯えのために集められ、冬に向かっては、生きものは大量に屠殺《とさつ》され、その賑わいに私は、『ドン・キホーテ』の中のカマーチョの結婚式、あるいはホメロスの詩の中の屠殺祝いを思い浮かべるほどでした。また、貧しいひとや富んだひとを招いての手厚いもてなしもあり、ご主人や私たち奉公人が不足に悩むことなど、いっさいありませんでした。日々、満たすよりも空《から》にする方が容易な財布さえ、開《あ》ける必要はありませんでした。

秋には、何千の種類の無数のソーセージ、塩漬けや燻製《くんせい》、酸味のあるゼリーに沈められた肉、その他がつくられ、あるものはすぐにやってくる冬のため、あるものは、たとえばハムやソーセージは次の年を見越して、すべてがそれぞれの場所に収められました。高貴な奥様はご自身でまる一週間、他の多くの芸術に長けておられるにもかかわらず、また私が思うに、上品な振る舞いで今日のもっとも洗練された貴婦人にけっして引けを取らないお方であるにもかかわらず、手順や前例に従って、すべてをキビキビと手配されるのでした。

イタリアでもかつては、大都会の家庭にあっても、ボッカチオやサケッティなどの多くの美しい文学が語るように、冬に備えて何頭かの豚を屠殺することが習慣でした。しかしこの美しい習慣は、もう久しい以前から、いたるところで女の洗練された教養から消えてしまっていました。もっとも女の教養とは、あの古代ギリシアにおいても、ヴィーラントが私たちに見事に描いてくれた天上の楽園ほどには、家婦たちの間にそんなに捜《さが》せなかったものでした。ドイツのご婦人たちもまた、今日の進歩した教育を授かり、生活のふだんの必需品を次の年のために前もって集め、確保し、配分するという仕事に、日々無能になってしまったのでした。(1) すなわちこの数年、獣脂商人の儲《もう》けが市民の家政よりも上位を占めるあいだに、自家用の畜殺という習慣はなくなってしまったのです。

それでも、塩漬けの技術は、いまだ多くの伝承で絶やされてはいません。したがって、その方法についてここで詳しく論ずる必要はないでしょう。特に北および西ドイツの地方では、今日でも塩漬けおよび燻製が上手に行われています。しかし南部のドイツには、これらの正しい方法が過去にもあったとは

1　『ハンブルク通信』一八二二年六月十五日には、次のような広告がありました。「ドイツの教養ある子女のためのルイーゼ・マイニエールの神話講座。ギリシアとローマの神話は、この小さな講座でもっとも素晴らしい方法で語られ、お若い諸嬢は、この教養に満ちた講座で、貴女に欠くことのできない知識を少しも貴女の道徳心を傷つけることなく学ぶことができます。」要するに若い諸嬢は、この講座を通して不完全な学問に関する不完全な知識を獲得し、それによって教養ある仲間内で恥をさらし、加えて身の程も知らない小紳士の嘲笑さえ貰うことになるのです。

思えません。あるいはそれは、人口が稠密《ちょうみつ》なこの地域では常に新鮮な食品の流通が可能であったからでしょうか。あるいはまた、海から遠く離れていることが、すぐれた塩漬けの必要をあまり感じさせなかったのでしょうか。塩漬けの良し悪しは、地域特有の事情にその多くを負っています。たとえばその素晴らしい塩漬け肉の例は、ロンドンの市場に出回るスコットランド産や北イングランド産の、あるいはハンブルクの市場で見られるユトランド産のように放牧され、肥沃な土地で急いで肥育された去勢肉用牛、あるいはマロニエやナラの林の中で育てられ、どんな人工的な肥育によっても代えられない豚などです。燻製され大気の中で乾燥されたハンブルクの牛の肉、ヴェストファーレン、バイヨンヌあるいはイタリアのハム、ザルツブルクの牛の舌、ポンメルンのガチョウの胸肉、オランダのニシン、ラインや数の少ないエルベ産のサケの燻製品、それにプレン湖のウナギの燻製などは、まったく比類のない絶品です。食材という点で自然は、料理術のあらゆる種類で、いつも何処でもけっして均等に好意的というわけではないのです。

塩漬けにもっとも適しているのは、緻密《ちみつ》で混ざりけがなく、脂が網の目のように絡み合った肉です。脂は、繊維のしなやかさを維持し、自身の味を保つことにも役立ちます。脂身の少ない肉は塩分を過剰に吸収し、燻製中に干《ひ》からびてしまうことが多く、脂身の多いあるいは脂が絡み合った肉よりもはやく腐敗します。ザクセンでは、脂身の少ない仔牛のモモ肉を燻製にし、マルク＝ブランブルクでは、老いた母ヒツジの肉を塩漬けにします。まったくこれ以上不愉快なことを考え出すのは不可能です。

バイエルンの料理本は、全体としてはすぐれているのですが、残念なことに一貫性に欠けます。そこには、塩漬けや燻製に関する役に立つ処方を見ることができます。ですがその処方に従おうとするひとには、肉の下ごしらえとか、塩と硝石（硝酸カリウム）の割合といった、ごく一般的な情報が、若いときから慣れ親しんできた地元の人だけにお気に召す空想力でもって、遮断されてしまうのです。それにこのことは、香辛料、香りづけの薬草や木の実の使い方にも当てはまります。これらは、軽々しく使えば肉の特有の味を容易に損《そこ》ない、あるいはいち早く気化し、すべての香料の基であるあの苦みだけをのこすのです。

あらゆる肉のソーセージをつくるには、繊維がすべての皮、さらに筋《すじ》や神経から分けられるよう、肉を鋭い刃物で削《そ》ぎ落とします。グリル用ソーセージは、肉だけを別に刻み、塩と香辛料をきかせ、つづいて小さく切った、あるいは粗く刻んだ脂身を全体に散るよう混ぜ、あまりきつく詰めず、中味がつぶつぶになることが大切です。それに対して燻製用ソーセージは、腸の中に固く詰め込むことが必要です。そうすれば、煙の中でいっそうに緻密に縮まり、より長持ちするように、またより薄くスライスできるようになるからです。このソーセージの場合、ドイツでは一般に肉と脂身が一緒に刻まれ、解き難く一体化されますが、私はイタリアのサラミのように、両者を大まかに混ぜることをおすすめします。とこ

2　シスモンディ氏〔スイスの経済学者、一七七三–一八四二〕と人情に反することですが、イギリス人が友好的でない住民をスコットランドの高地から追い出しゆたかな牧草地に変えた、この彼らの味覚に敬意を表します。このようにしてはじめて、イギリス人の食卓に牧畜の牛の数は保証されたのです。

ろでボローニャ風ソーセージのニンニクの味は、私には余分なもの、いや、不快なものに思われます。

中身を詰める前に、腸はあらかじめよく洗って、数日塩水に漬けておきます。

豚のヒレ肉を使う場合には、その約三分の一の脂身を付けたまま、その両者から皮や筋《すじ》をきれいに取り除き、塩をふり、香辛料や乾燥した薬草で強く味付けし、直腸《ちょくちょう》あるいは膀胱《ぼうこう》に詰め、さらに外皮のため約一日塩水に浸けます。これを一般の肉ソーセージと同様煙の中に吊るし、ソーセージと同じように保管し使います。ただこのヒレ肉の燻製では、大まかに削った肉に大まかに切り分けた脂身を混ぜて、ソーセージの場合と同じように皿にのせます。このようなやり方で私は、このおいしい肉料理をローマの山の中で食べました。当地の人びとは、これをポルペッテと呼び、ただ習慣という理由だけでニンニクやコリアンダーを混ぜていましたが、それは除いた方がよいと思います。

イタリアの他の地方で特に好まれる塩漬けに、ツアンポーネ・ディ・モデナと呼ばれるものがあります。豚の肩あるいは前足の皮を緩《ゆる》まないように、傷つけることなく剥《は》ぎ下ろします。つづいて肉と軟骨を骨からとり分けます。これを砕き、より柔らかい肉と少量の腎臓脂《じんぞうあぶら》を細かく刻んで混ぜ、好みに応じて、しかし強めに香辛料と塩で味つけします。この混ざりものを内側に脂の付いた前足の皮に、あまりきつ過ぎないよう詰め込みます。この皮の両端をできるだけ固く括《くく》り、皮が堅牢性《けんろうせい》を得るまで塩に漬け、つづいて煙の中に吊るします。そして使うまで、乾いた場所に保存します。これは、煮る前に水に浸し、柔らかくする必要があります。そのもどす時間は、ハムの半分ぐらいがよいでしょう。これは温かくして、あるいは冷たいままで、前菜として、あるいは野菜料理の付け合わせとして、いただくことができます。もちろんその味は、モデナ地方産の豚の質に左右されるのでしょう。しかもこの地の豚肉は、他の塩漬け料理にも特に適しています。

ソーセージについても、パイの場合と同様、だれがどのようにしてはじめたかまったくわかっていません。ですから、そのつくり方にも決まったものがあるわけではありません。いや反対に、肉の種類、香辛料、あるいは他の植物具材の混ぜ方は、まったく意のままです。ドイツ、いやヨーロッパの各地方に、それぞれ異なった、しかしまったく称賛に値する調合が普通に行われているのです。芸術の永遠の基本から離れることがなければ、他の真似をしてもよし、独自の想像力を働かせても一向かまいません。

ライン河下流地方の家庭で私は、いくどとなく、固く燻製した、非常においしいレバー・ソーセージを食べたことがあります。つくり方も教えてもらったのですが、残念ながら私自身、まだ試したことがないのです。

新鮮な仔牛のレバー、豚のレバー、それに擂《す》り潰《つぶ》し、ブイヨンの中でふやかした白パンを、それぞれが三分の一ずつになるよう用意します。レバーをきれいに洗い、細かく刻み、それにパンを加えて混ぜ合わせ、塩をふり、さまざまな香辛料、風味の良い薬草で味をつけます。つぎにこの塊に、全体の半分の量の新鮮な小さな采《さい》の目に切ったベーコンを加え、よく混ぜます。これをよく洗った腸に詰め、しっかりと括《くく》り、引き締めるために熱湯の中に浸します。取り出し、冷ましたあと、固くなるまで煙の中に吊るします。どうぞ、試してみてください。

潰した白パンは、多くの地方で豚の脳でつくるソーセージにも使われます。また北部の広い地域では、屠殺《とさつ》したばかりの肉のブイヨンで煮込んだオートムギの粗挽き粉《あらびこ》あるいはコメ粉を使って、脂身、血、香辛料を混ぜたじつにおいしいグリル用ソーセージをつくります。イタリアのミリアッチョに似た、脂身、血、ブイヨン、穀粉《こくふん》を使ったこのソーセージは、いくらかの甘味を帯《お》びます。あるいはこの原型は、ホメロスがうたう血と脂を詰めたヤギの胃袋にあるかもしれないし、あるいは、多くの旅行者がほめながら報告する北アメリカの未開人の詰めものをしたシカの胃袋(3)とも、似ているかもしれません。この種の食べものは、屠殺した動物の肉、ブイヨン、脂身の余《あま》りものを有益に利用するのですから、非常に倹約的ともいえます。多くの場合、網の上に載せて焼くこの種のソーセージは、その手の込んだ混合でもって、おいしさのランクの上の方に位置するのではないでしょうか。

刻んだ舌や肝臓を混ぜたブラッドソーセージは、まず十分に煮つめ、固く燻でいぶし、冷たい状態で食べます。

大家族の、特に田舎の家庭では、軽く塩漬けした豚肉「プティ・サレ」をいつでも使えるようにと、若い、半分肥育した豚を、涼しい日に屠殺します。これに合わせて、内臓や雑肉を使って、いろいろな、あまり長くは保存できないソーセージをつくることができます。背肉は、上等な焼き肉、ローストポークに、モモ肉は塩漬けにします。これは、たんに塩漬けのまま、あるいは軽く燻にいぶして、煮込みに使います。

ガチョウ、カモ、あるいは脂身の少ない豚肉は、それぞれ単独で適当な大きさの采の目に切り、酢、香辛料、それにシカの角あるいは他のものから取ったゼラチンを加えて十分煮つめ、冷ましたのち脂に溶かしておくと、酸味をもったゼリーの中で比較的長く保存できます。またイノシシは、たとえばその頭から骨を抜き取り、それに刻み潰した肉を詰め、十分煮つめ、その骨からとったゼリーの中で保存します。チョウザメ、白チョウザメ、サケなど、固い肉をもった魚も、同じようにして保存できます。このような魚のゼリーも、シカの角やチョウザメの浮き袋からとったゼリー（鰾膠《にべ》）とともに使えます。

古代人は、外気と触れないよう蜂蜜を塗って、肉の腐敗を防いだとのことです。[4] 近代人の発明では、コツェブ少尉の世界一周旅行[5]の際に大いに役に立ったあのドンキン氏の特許肉（缶詰肉）が、注目に値します。クルゼンシュテルン氏は、旅行記[6]の序文の中で、缶詰の肉は、漬けこまれていた濃いブイヨンを時間が経つとともに吸収し、いっそうおいしくなったと報告しています。この保存法のすぐれた点は、肉を封じ込めている器の気密性に大いに負っています。アピキウスは、殻からとり出したカキでさえ、酢で洗った器に移し、これをしっかりと蓋をし、空気から遮断して保存したと書いています。

3　『オデュッセイア』第十八巻、四三行および一一八行以下。
4　アピキウス、第一巻、八章。
5　オットー・フォン・コツェブ（一七八七–一八四六）『南太平洋探検旅行』、第一巻、ワイマール、一八二一。
6　アダム・ヨハン・フォン・クルゼンシュテルン（一七七〇–一八四六、「日本海」を地図に初めて明記）『世界帆航記』一〇、・一頁。

第二巻

植物界からの食材について

第一章　穀物、木の実、根菜について

文明化した人間の集団生活は、穀物の栽培とその利用の上に成り立っています。狩り、漁、遊牧にしろ、食物を動物界から得ている民族は、定住ということを知らず、落ち着いた生活でこそ得られる文明の高度な形成段階に達することができません。定住しない人間には、建物、美術作品、書籍による幾世代にもわたる経験の蓄積および保存、知的な交流による思想の深化は不可能です。もちろん、遊牧の民には、彼らの深遠《しんえん》で至高《しこう》の理念を太古以来の純粋な形で維持し、文明がもつ精神の遊びを燃えるような情熱で見下す、誇り高い気概《きがい》があります。

大地の耕作は、住居を固定し、それを集約《しゅうやく》させて、人間の精神的な資質のさらなる発展を促《うなが》しました。というのは、耕作は、狩りや漁はともかく、放牧とくらべてもはるかに確実に、そして定期的に、食べものをつくりだしてくれるからです。ここであらためて私たちは、食べものは人間の精神形成の上に、数字では計れない影響をおよぼすことを知るのです。もちろんこのような考えに対して、現代人の甘い感傷主義は、おそらく異を唱えることでしょう。

穀物は、その大半をイネ科の植物から得ていますが、そのいくつかの原産地は高地アジアの平原とされています。太古のインドや中国には、米作はあっても他のイネ科植物の栽培はなかったようです。(1) ヘロドトスがユーフラテスとティグリスに挟まれた平野で見たという数百倍に増える穀物とは、おそらくトウモロコシであったと思われます。(2) 私たちは、その栽培のはじまりに、西南アジア古代帝国の誕生を見ることができるのではないでしょうか。しかしヨーロッパ文明の基盤となった禾穀《かこく》類の栽培は、ペルシア人を通して、ポントゥスを越えてきたと思われます。もちろん私たちは、コムギ、オオムギ、莢豆《さやまめ》類の旅のはじまりをその大本《おおもと》まで辿ることはできません。というのは、穀類や莢豆類の多くは、たしかな歴史がはじまる以前に、すでに地中海沿岸に広がっていたからです。しかも歴史上のもっとも知恵にすぐれた民族〔ギリシア人〕は、彼らの神話と宗教的風習の中でケレスとトリプトレモスの功徳を伝え、そこに彼ら民族のおよびもつかない精神形成の条件を見、それを長い間崇拝の対象としてきたのでした。

やがて、澱粉《でんぷん》を主成分とする食材は、穀類の既存の品種からの無数の変種がつくられ、あるいはまた、新世界からの塊茎《かいけい》類や根菜《こんさい》類のめざましい移入もあって、その数を増大させました。そして最後には、サゴヤシの髄《ずい》までが、商人を通してヨーロッパの台所に入ってきました。しかし以下で私は、穀類や莢豆類、あるいは地下のリンゴ（ジャガイモ）の多種多様な変種については触れないことにします。というのは、そのほとんどがヨーロッパでは栽培されておらず、またその料理法も、それぞれの間にあまり違いがないからです。

多くのものは、自然のままの状態で食用に供することができます。しかし穀類の多くの種にあっては、手を加えることで消化をたすけねばなりません。その中の多くは、粉に挽《ひ》く、煮る、焼かないと、健全な食べものにならないものがあります。たとえば、コムギとその変種、ライムギ、オオムギ、オートムギ、トウモロコシです。かつてこれらの穀類は、それぞれ独自の臼《うす》で挽かれていました。しかしそれは、奴隷にとってあまりにも過酷で怖れられた仕事でした。ですから私たち人間は、水車や風車の発明に感謝してもしつくせないのです。にもかかわらず今日機械というものは、しばしばあまりにも不正に貶《おとし》められています。今日の多くのひとが十分な報酬を得る仕事にありつけないのは、けっして発明された機械のせいではなく、むしろただ権力と影響力をもつ人間の怠慢《たいまん》と無分別《むふんべつ》の所為《せい》です。すなわち彼らが、日常の生活がもはや必要としない力を、人間の最高の徳、美と偉大のために使おうとしないからです。

穀物をただ砕《くだ》いた粗挽《あらび》き粉《こ》（セモリーノ）は、パンを焼くには適せず、煮てはじめて柔らかくなり、消化できるようになります。穀粉《こくふん》をつくるには、まず皮の部分、いわゆる麸《ふすま》を取り除き、堅い粒を入念に圧し潰し、布で篩《ふる》い分けます。使う篩《ふるい》の種類で、細かさの異なる粉ができます。おかしなことにイタリアでは、北ヨーロッパの布の袋を使った簡単な装置が蔑《さげす》まれ、人びとは手に持つ篩《ふるい》に固執するのです。

1　G・H・シューベルトは、異説を述べています。『太古の世界と恒星たち』、ドレスデン、一八二二、五三二頁以下。

2　クリオ〔ヘロドトス、『歴史』、第一巻、(クレイオの巻)〕。マンゴ・パーク〔イギリスのアフリカ探検家、一七七一－一八〇六〕は、トウモロコシをアフリカ内陸の各地で目撃しています。このことは、トウモロコシの原種が古い大陸にも新しい大陸にもあり、その変種は消えていったと思われます。ヨーロッパにおけるトウモロコシ栽培の歴史ははっきりしていません。

コメ、ソバは、ただその木質の殻を取り除くだけで料理に使います。もちろんこの両者からも、粗挽き粉（セモリーノ）や繊細な粉をつくることができます。オオムギは、コメと同じ方法で殻《から》を除き、粗挽き麦（グラウペ）の形で茹《ゆ》で、適度な柔らかさを得ます。キビは粒のままでも砕いても、柔らかに茹でることができます。トウモロコシは、粗く砕きますが、その薄い表皮を取り除く必要はありません。莢豆《さやまめ》類は、粉にすることなく茹でて柔らかくします。根茎類や根菜類、それにクリもただ茹でるだけ柔らかくなります。同じことは、カボチャ、アーティチョークなど、果肉の多い野菜についてもいえます。

第二章　穀粉《こくふん》について

穀粉とは、穀粒を粉砕したあと皮など繊維状のものを取り除いて得られる、栄養価の高い微細物をいいます。穀粉は、皮など繊維物質が篩《ふるい》や布袋でより入念に除かれるほど、あるいは微細であるほど、いっそうさまざまな料理でその栄養価を高めます。

穀粉の膠質をより効果的に溶かし出し、栄養価を高めるためには、粉を液体とともに加熱します。加熱には、多めの液体とともに器の中で煮て粥状《かゆじょう》にするのと、わずかな液体とともに捏《こ》ねて焼き上げる方法があります。後者が、一般にパンと呼ばれるものです。

このふたつの調理法のうち、歴史的に古いのは粥でしょう。粥は、発酵あるいは無発酵パンを知った古代人の間では、すでに常識とされていたからです(1)。今日、いまだ文明の初期の発展段階にとどまる民族の間でも、パンではなく粥が一般的です。たとえば、アフリカの内陸部ではトウモロコシの、南部エ

1　プリニウス『博物誌』第十八巻、第八章「パンではなく、粥でローマ人は、明らかに長い間みずからを養ってきた。」

ジプトやヌビアではレンズマメの粥、そしてオリエント全域ではコメの粥やピラフが、今日でも食されています。私たちの食べ方では、粥は野菜と結びつきますので後にまわし、まずパンについて述べます。

第三章　パンについて

おそらくパンの原型は、ペルシア人のパンあるいは北アメリカ未開農民のトウモロコシパンのように、無発酵《むはっこう》の固めの生地を焼いた薄いパンケーキのようなものであったと考えられます。このやり方では、焼く過程で粘り気の強い生地から水分が十分に気化しないゆえ、カビが生えやすく、また消化もよくなかったと思われます。ヒポクラテス(1)によると、無発酵のパンにくらべれば、発酵のものは、売れ行きは良いが栄養価が低いとのことです。

発酵《はっこう》は自然界におけるもっとも重要な現象ですが、この現象を知った人間は、パン生地を膨《ふく》らますために発酵を用いるという、素晴らしい思いつきにいたりました。これにきっかけを与えたのは、ワインあるいはビールの酵母菌(2)なのでしょう。おそらくビールの酵母菌が、中央アジアでもっとも早くにその役割を果たしたと思われます。というのは、ビールがワインのない中国で知られていたからです。今日

1　ヒポクラテス『養生論』第二巻十章。

2　ヘーベ（酵母菌）は、ヘーベン（持ち上げる）からきているのでしょう。イタリア語のリエヴィート（酵母菌）も、レヴァーレ（上げる、上がる）に由来してます。

ヨーロッパの大部分におけるパン生地の酵母菌は、わずかに保管された発酵生地によって、窯《かま》から窯に伝えられています。ヨーロッパ以外の、とくに古いパン生地あるいはパン種が生み出す酸味を嫌う地方では、蓄えておいたワインあるいはビール酵母菌で毎回生地を発酵させます。発酵の過ぎたパン生地は、ただ慣れた人たちにだけ受け入れられるものであり、限られた地域でのみ、消化に良いと信じられているからです。本来パン生地の発酵は、捏《こ》ねて固まった塊に適度な膨らみを与えるものであり、けっしてそれを超えてはならないのです。都会のパン屋が粉の節約のためにつくる海綿のようなゆるいパンは、水気が多く、茹《ゆ》でたパスタのようなパンと同じくらい、不快なものです。じじつ、ふかふかした前者は腸内にガスを生じさせ、ねばねばした後者は胃をもたれさせ、同じくらいに健康を害するのです。パンが茹でたパスタに似るのは、ほとんどは水が多すぎたことによるのですが、窯が適当な温度に達しない、あるいは設備が悪くて熱が十分に長く保たれないことが原因にもなります。

フランス人、とくにパリの住民は、白パンを膨らませるためにハトの糞《ふん》を使います。これに含まれる空気が窯の中で膨張し、生地の表面を押し上げ、そこに内部に隙間のある、おいしく消化のよい硬い外皮が焼き上がるというのです。ですが刺激の強いハトの糞を食べつづけても、健康には害がないのでしょうか。医家の意見を聞きたいものです。

フィレンツェ人の家庭で自家用につくられる白パンは、繊細なコムギ粉を使い、塩味は薄く、生地は前日に捏ねるかあるいはほんのわずかな酵母で発酵させ、そして何よりも正確な温度で硬い外皮をもつよう焼き上げます。しかも丸一日乾燥した場所で熟成《じゅくせい》させれば、これは間違いなく、もっともすぐれた食卓用パンのひとつにかぞえられます。フランスやイギリスの自家製パンもすぐれているのですが、後者は塩味がちょっと強く、また粉も粗いものが使われています。

ライムギパンは、コムギパンより日持ちがよいのですが、パン種を次つぎと長期にわたって取っておくので、どうしても酸味が強くなります。過剰な発酵を抑えるようコムギ粉を少し加えれば、味はかなりやさしくなります。このパンも、よく捏ね、発酵を抑え、塩味を薄くし、十分膨らませ、硬い外皮をもつよう焼き上げれば、腹もちがよく、栄養価も高く、すぐれたパンのひとつにかぞえられます。

粗《あら》く挽《ひ》いた、あるいはただ麸《ふすま》だけを除いたライムギ粉を使ったいわゆる黒パン、あるいは兵隊パンは、湿り気が適当で、発酵も過剰にならず、完全に焼き上げれば、ヴェストファーレンのプンペルニッケルのように、とても体によく美味とさえいえます。もちろん味と栄養価の決め手となるのはその土地の穀物の特性であり、プンペルニッケルに他のどこにもない味を与えるのは、作り手の技もあるでしょうが、何よりもヴェストファーレン地方特産のライムギなのです。

スコットランドのオートムギパン、スカンディナヴィアの堅皮《かたかわ》パン(シュタンペブレー)については、私は書いたものを読んだだけです。ジャガイモとライムギ粉を半々に混ぜたパンをドイツで試したことがありますが、それは水っぽく、胃にもたれ、不味《まず》いものでした。(3)イタリアで私は、物仙高騰《ぶっかこうとう》の折、粗挽《あらび》き

3　A・A・カーデ・ド・ヴォー(『論文集』ワイマール、一八二二)は、ジャガイモをパン焼きに使うことをすすめています。しかし彼は、焼く際にジャガイモの水分がほとんど気化してしまうことを前提としています。

したエジプトマメを混ぜたパンを食べたことがあります。それは、けっしておいしいものではなく、健康にもよくないのではないでしょうか。思うに、物不足の時代には、このような水気の多い穀物は、固めの粥《かゆ》の形で食した方がよいのではないでしょうか。そういえば、先だっての革命戦争の際、穀物が不足したイギリスでは、貴顕《きけん》の食卓にさえ、パンの代わりに熱い灰の中で焼いたジャガイモが供《きょう》されたとのことです。これは、ジャガイモパンよりはすぐれた代用食であったと思われます。

ヨーロッパの都会のパン屋では、さまざまな種類のパンや焼き菓子を見かけます。その良し悪しは、何よりも粉の質で決まります。そしてそれぞれの味は、丹精《たんせい》をこめた仕事で育てられるのですが、それでもときには、無用な添加物でだいなしにされます。ときおり、パンにキャラウェー、コリアンダー、あるいはそれに似た香辛料を混ぜたり、ふりかけたりしたのを見かけます。このようなおかしな味は、それを良いとするには子供のときからの慣れが必要です。この種の添加物は、発酵の過ぎた下ごしらえとか、あるいは水っぽく焼き上げたパンに見られるものです。化粧が必要なところには、本物が欠けるのです。適度な水気でよく捏ねた生地を的確に焼き上げるパン屋は、良質の穀粉に含まれる糖分を十分に生かし、くだらない薬剤めいた香料で、彼のパンの単純でおいしい味をだめにすることなどけっしてありません。(4)

4　C・ゴットローブ・ハイネ『ゲッティンゲン研究者通信　一七六七-一八一二』第一巻、三三〇頁参照。

第四章　パン以外の焼きものについて

　パンは、香料を加えない、まったく中立の味で、あらゆる料理にとっての基盤、いってみればありとあらゆる形式の食事のつなぎ、仲介の役割を果たします。それに対して、穀粉を使った他の焼きものは、それが独立した料理の一品とされることもありますが、多くの場合、単なるつまみか特別な料理の添えものとされます。したがって、成分を調合することでまさにその味を、添えられる料理に合わせることができます。

　冷たくしていただくパイ用の固くしっかりとした、どんな形にもかなう生地をつくることにかけてはフランス人は疑いもなく第一人者です。このことでは、いや他の焼き菓子にあっても、その扱い方と巧妙さは、まさに第二の天性といえます。したがって、何か調理法を挙げようとすれば、それは彼らの料理本から引用するのが、まったく手っとり早いのです。次の例はそのひとつです。

材料：コムギ粉六ポンドにたいして、バター三ポンド、塩二オンス、卵十個。

調理：粉をテーブルの上にひろげ、真中にくぼみをつくります。このくぼみの中にバター、塩、タマゴの黄身、コップ一杯の水を入れます。もちろん水の量は、全体の量にしたがって加減されます。バター、水、卵黄、塩を混ぜ、全体をしなやかにします。粉を少しずつ寄せ集め、すべてを積み上げます。この塊を全体がしっとりとするまで、指でよくもみほぐします。少し水を足してもかまいません。捏ねすぎるのは危険です。というのは、とくに夏には、だま（ままこ）ができ、しっくりと固まらないからです。

この頼りになる料理本の別のところでは、パイに詰める肉をキャセロールで前もって半分煮ておくことをすすめています。たしかにこのようにすれば、フランス風パイのあのすばらしい柔らかさと美しい黄金色に輝く外観は得られます。しかし反面、包んだ生地とその中で煮える肉との味の調和という、パイ料理本来の目的は失われてしまいます。このことを実際に納得するために、同じ材料を使ったふたつのパイをつくってみてください。そのひとつでは、上の料理本にならって、肉の詰め物をあらかじめキャセロールで煮ておきます。もうひとつでは、生の肉を他のものと詰めます。それぞれに印をつけて同じように焼きます。生で詰めた肉の味の方が、はるかに純粋で肉汁がゆたかで、こってりしていることは明白です。

バターを多めに使った薄焼き用生地についても、料理本の中に少なからず役に立つ調理法が見つかります。選び抜かれた良質のバターの経済的な使用、粉が微細で混じり気のないこと、できるだけ涼しいところでしかも入念に根気よく作業ができること、これらが、すぐれたバター入り薄焼き用生地をつくる必須の条件です。次の調理法は、私も長年実行し、それなりの成果をあげたものです。

材料：微細なコムギ粉あるいはスペルトムギ粉一ポンドにたいして、無塩あるいは何度も洗って塩を抜いた良質のバター四分の三ポンド、新鮮な卵二個、良質のフランスのブランデー（コニャック）小匙《さじ》一杯、甘いクリーム　小匙一杯。

調理：粉の半分を清潔で滑らかなテーブル、できれば大理石の板の上にひろげ、真中にくぼみをつくり、その中へ卵、ブランデー、クリームを入れます。これを捏ねて固い生地にし、麺棒《めんぼう》で押しのばします。バターの半分をこのひろげた生地の上に置き、折りたたみながらバターの上の生地を叩きます。のこった粉のひとつかみを板の上の別のところに撒《ま》き、その上に生地の塊を表面が粉に接するよう裏返して置き、麺棒で繰り返し押しひろげます。バターものこった半分をその上に置き、折りたたみ、撒いた粉の上にのせ、それを麺棒で押しのばす作業を、粉がなくなるまで繰り返します。生地が十分に薄く押しのばされたら、それから型《かた》を使って望む形を抜き取り、それを望む高さにまで積み上げます。その層《そう》の隙間《すきま》を少量の卵黄で塗りつぶし、さらにのこった卵黄を、美しい黄金色に焼き上がるよう、全体に塗りつけます。

これと違いはあまりないのですが、別のフランス料理本では、生地に加えるバターの量をいくらか多くしています。しかしそうして出来上ったものは、脂肪分が多く、胃にもたれるようです。またある人たちは、生地に塩を加えることもしますが、これは別に問題はないでしょう。

このいわゆるパフペーストは、離乳食や煮た果物など甘い混ぜものを包むのに適しています。

またこのバター生地のパイを使って薄焼き用の小さなパイをつくり、それに、とろみとやや酸味のあるソースで味付けした繊細な風味の動物性食材を詰めることもできます。たとえば仔牛の胸腺《きょうせん》（シュヴェーデル、リ・ド・ヴォ）を軽く茹で、そのもっとも柔らかな部分を小さく采の目に切り、それだけで、あるいはトリュフ、アミガサダケ、あるいは他の繊細な風味の小さなキノコ類とともにホワイトソースで煮込み、熱くしたこのパイに詰め、食卓に供します。あるいはザリガニのはさみや尾の抜き身をアマガサダケとともに、少量のザリガニバター〔まるさら潰したザリガニをバターで炒めて裏ごししたもの、前巻十二章参照〕でとろみをつけたやや酸味のあるソースで味付けしたものを詰めます。これに、いろいろな小鳥のレバーを加えたりします。去勢牛の唇あるいは雌の仔牛の乳腺、雄鶏のとさかなども、仔牛の胸腺と同じように使います。カキも同じように使いますが、ただこの場合は煮つめるのではなく、火からおろしたソースの中で軽く加熱します。こうしないと、すでにスカッピも注意しているように、カキは固くなり、消化に悪くなるからです。

ウミザリガニ（ロブスター）を使ったパフペースト料理

一匹のウミザリガニを茹でたあと、頭部の内臓部を取り出し、それを一個のエシャロット、風味ある薬草、一匹のイワシの身とともに小さく刻み、小さじ数杯の酢、少量の油あるいはバターを加え、かき混ぜながら弱火の上で煮たつ寸前まで加熱します。これを少量のレモンの搾り汁とホワイトソースでとき、清潔な濾《こ》し器《き》で濾します。この間に、ザリガニの尾やはさみの抜き身を采《さい》の目に切っておき、濾し器を通したソースの中にこれを入れ、塩といくらかの香辛料で味を調えて温め、パフペーストで包みます。

カニを使ったパフペースト料理

茹でて脚から身を取り出し、取っておきます。のこりを擂《す》り潰《つぶ》し、バターあるいは仔牛のブイヨンとともに煮つめ、濾し器を通し、少量のコムギ粉、卵黄、少量のレモンの搾り汁を加えて白くなるまでかき混ぜ、とろみをつけます。これに塩を利かせ、取っておいた脚の抜き身を入れて加熱し、パフペーストで包みます。

そのほか、柔らかく繊細な味の肉や魚であれば、同じように調理できます。ここは、想像力ゆたかな料理人の腕のみせどころです。

大勢が集まる食事会などでは、さまざまな好みに合わせた二の膳料理を豪華に盛り付けるために、大皿いっぱいに広がる大きなパフペーストが使われることがあります。このようなパイ料理には、サルミやあまり繊細ではない蒸しものなどが適します。もちろんひとつのパイに異なるものを混ぜて包むことはできません。ひとつの味が他の味をだめにするからです。

いわゆるラムキン、すなわちクリーム、バター、卵黄、ジャガイモの粉、パルメザンチーズを使ったスイス風のおいしいクリームケーキは、パフペーストの上に載せると、いっそう素晴らしく見えます。

パフペーストは、煮つめて砂糖に漬けた果物、あるいはその他のさまざまな甘い物をのせて、食後のデザートにも使われます。この種のパイは、もちろんさまざまな生地を使った他の焼き菓子と同様、広くトルテ〔タルト〕とも呼ばれます。多くの地方では、トルテの生地に細かく砕いたアーモンドを加えますが、これがパウンドケーキでしょう。他の焼き菓子の中でもっとも消化がよく、どこでも好まれるのがパイですが、これを私は、少なくともひとを思いやる心のある料理人にはすすめません。アーモンド入りパイは、それ自体不快なものですが、これは例外なく、非常に消化がわるいのです。加えて、マルチパンやアーモンドトルテは、それを頻繁に食するひとに見られるように、歯を傷《いた》めてしまうのです。じじつ、ある集落では全住民がアーモンド入りの焼き菓子を常食したがゆえに、彼らの口内および腹の中の消化器官をまったく許しがたいまでに壊してしまいました。私は、マルチパンを食べて死んだ女性がいるとさえ聞きました。

フランスの焼き菓子の中では、彼らの言葉で書かれた料理本には必ず登場するパテ・ア・ブリオシュが、その単純さと消化のよさでとくにおすすめです。これに似たものにドイツのブッターライベルやジュステルクーヘンがありますが、とてもかないません。

ケーキやトルテには、水気の少ない、あるいは脂っこい、固くしっかりしたあるいは柔らかいなど、じつにさまざまな生地が使われます。これら取るに足らない事柄について知りたい方は、それらを満載した料理本をご覧ください。大切なのは、材料や調理の仕方について、それぞれの地方の伝統に真面目に学ぶことです。地方色ゆたかな焼き菓子は、どこでも、男よりも旅することの少ない女料理人にその最高のものが伝えられているのです。しかしもっとも大切なことは、乾燥した地帯から輸入され、完全に熟したコムギからつくられた細かい粉、混ざりけのない良質のバター、まったく新鮮な卵を選ぶことです。まちがいなく最良の粉を手に入れるためには、コムギあるいはスペルトムギを自分で買い入れ、賃金を惜しまず、それを近隣でもっとも熟練した粉屋で挽いてもらうことです。加えて大切なのは、脂分や水気が過剰にならないこと、生地の形が崩れないうちに火にかけること、焦げつかないように、しかし完全に焼き上げること、そして最後に、おかしな味を生み出す薬屋風の香料を加えないことです。

今日ドイツの多くの都市で、家庭料理術の廃墟の上に焼き菓子工場が築かれ、次から次へと、酸っぱい果物トルテ、チョコレート、ヴァニラ、アーモンドジャム、苦みのある砂糖菓子、なんとも味気なく甘い菓子などが量産されています。心気症に悩む現代人は、こみあげる胃酸を一瞬たりとも鎮めるために、これらのごちゃ混ぜ物にとびつくのです。彼らの満足はもちろん嘆かわしいもので、健康な食欲の充足につづく静かなよろこびとはまったく無縁のものです。

第五章　麺《めん》、プディング、団子、スフレについて

穀粉《こくふん》を捏《こ》ねた料理についてすべてをいい尽くすことは、もちろん不可能です。ここでは、その中でもっとも役立つと思われるスープの具材について述べることにします。イタリアのマカロニやヴェルミチェリのような固いスープ用生地は、普通それ専門の工場でつくられており、したがって主婦や料理人は、ただその良し悪しを見分けるだけが仕事となります。しかしこれは、容易に学べます。すぐれたナポリ産マカロニは、茹でると三分の二膨張し、白くなります。ロンバルディアやジェノヴァのマカロニは、ふつう平たく引き伸ばされており、少量のサフランが混ぜられています。当然のことながらこの両者は、ナポリ産よりは低く評価されています。

マカロニやヴェルミチェリを煮る際には、それを煮る水あるいはブイヨンは前もって沸騰させておきます。冷たいあるいは生ぬるい水の中では、粥《かゆ》状に溶けてしまうからです。しかしスープの具としては、マカロニよりタリアテッレ、すなわち微細なスペルト粉を少量の水およびそれと同量の卵黄で固く捏ね、できる限り薄く圧しのばし細く切った麺の方が適しています。この麺は、調理する一日前につくり、天日で乾かします。卵黄が含まれていますから、マカロニほど日持ちしません。

この短く切った麺（タリアテッレ）は、マカロニと同じように、ブイヨンあるいは水と塩で煮込み、軽く焦がしたパンの小片、あるいはバターとパルメザンチーズを添えて、前菜のあとに供します。

オーストリアやバイエルン地方では、麺生地《めんきじ》を団子《だんご》状に握り固め、下《お》ろし金《かね》で擂り砕きます。これを大気中で乾かしたものは、そのままの形でスープのすばらしい具材となります。また麺生地を少量のバターと泡立てた卵でもってゆるめ、団子に丸めたもの（クロース、ノーケル、シュペッツレ）も、沸騰したブイヨンで煮込みます。コムギ粉の代わりにより粗く挽かれたさまざまな穀物粉が使われますが、南部ドイツでみんなに愛されているグリース（粗挽き粉）ノーケルもその一種です。

このように、麺生地の煮込み料理には無限の変化が可能です。ところによっては、獣脂で揚げた麺生地をスープの具としますが、これは、スープの中に揚《あ》げた油が拡散し、味だけでなく、この生地本来のよさもそこねてしまいます。

プディングは、すでにその名が示すように、本来はイギリスの料理です。ジャガイモがイギリスで一般化する以前、人びとはローストビーフに、コムギ粉を捏ねたプディングをその付け合わせにしていました。これは、今日でも民衆の間でそうであるように、ナプキンで包まれ煮つめられていました。フィールディング〔一七〇七－一七五四〕は、『トム・ジョーンズ』の中で、頻繁にローストビーフとプディングを食べることで、主人公の家庭教師を物質主義者と印象付けています。

しかしやがてこの料理は発展をつづけ、今日では多くの美食家にとっての偉大な恩恵のひとつとみなされています。

煮つめるあるいは型《かた》をとって焼き上げるプディングをつくるは、泡立てたタマゴと強くかき混ぜて閉じ込めた空気を、加熱により膨張させ、非常に軽いスポンジ状にする必要があります。この料理の主成分は、コムギ粉、卵、バターですから、調味料でもって好みに応じ甘くも、酸っぱくも、こってりともすることができます。イギリス風プラムプディングは、今日多くのひとに愛されており、良質の牛の髄や新鮮な仔牛の脂を少量加えることで、この種の料理の性格を超えてしまう濃厚な味をもつことができます。

甘いプディングには、よくアーモンドを砕いたものが加えられますが、それは胃をもたれさせ、消化を悪くします。新鮮な、あるいは大気の中で乾燥したアーモンドは、けっして悪いものではありませんが、加熱されたアーモンドは、健康を害するのです。また、味覚を他のひとより純粋に育ててきたひとたちにとって、料理に使われたアーモンドは、美味とはいえないはずです。あらゆる植物油は加熱すれば消化が悪くなるのですが、脂肪分の多いアーモンドの調理による変化は、同じことなのです。それでも、ただ炒《い》ったアーモンドには害はありません。アーモンドの油分は、炒ることによって樹脂化することなく、完全に気化するからです。

南部ドイツでは、プディングに似た料理をクノップ（蕾《つぼみ》）と呼んでいますが、それはおそらく布で包んで煮込むからでしょう。プディングから離れる前に、クレースヘンあるいはクネーテルという名で広く知られている小さいクノップに触れておきます。バイエルン地方のクネーテルは、采《さい》の目に切り分けた乾いた白パンの約半分をバターを敷いて軽く焦がし、これに卵、コムギ粉とミルク、できればブイヨンを加えてかき混ぜ、これを残りのパンとともに捏ねてやや固めの生地とし、これをちぎり分けていくつもの丸い塊とします。これらを乾いたコムギ粉の上で何度か転がしてから、沸騰する水、できればブイヨンの中で煮ます。この単純な団子は、さまざまの料理のまさにうってつけの付け合わせとなります。またこの団子に少量の刻んだベーコン（シュペック）あるいは擂り潰した仔牛のレバーを加えたものは、シュペックあるいはレバークネーテルと呼ばれて、バイエルン地方の滋養に富んだ愛される郷土料理とされています。

これと似たものに、発酵生地を使ったダンプヌーデルがあります。この軽い捏《こ》ね粉《こ》料理のすばらしい味は、バイエルン地方のビール酵母に負っています。

さらにおいしいものに、アウフラウフ（膨れるもの）があります。スペルト粉をミルクとともに強火の上でかき混ぜ、固粥《かたかゆ》状にして冷《さ》ましておきます。食卓に供する約三十分前にこれを取り出し、良質のバター、卵黄、それに少量の砂糖を加え、冷《つめ》たいままかき混ぜ、全体をなじませます。これに泡立てた卵白を加えてさらにかき混ぜ、好みに応じてシナモン、ヴァニラ、ごく少量のレモンあるいはオレンジの皮の油などで味をつけます。しかしこれらは、この軽くて優しい料理に心地よい風味を与えるため、それぞれを別々に、そしてごく控えめに使用します。アウフラウフは、高く盛り上げ、その上面に、優雅に垂れるひびのある堅い外皮をつくるよう焼き上げます。このためには、かき混ぜる際に生地がゆるくなり過ぎないよう気をつけ、焼く際にもトルテ鍋の下からよりも強い火を上から当てるようにします。ところで、この軽い、しかし一歩間違えば気の抜けたものになる料理には、繊細なコムギ粉よりも、粗《あら》く挽《ひ》いた穀粉、とりわけトウモロコシの挽き割り粉が適しているといえます。ただこの場合、粗挽き粉は、ミルクを加える前にバターで煮つめておくことが必要です。

フランスではこの料理をオムレット・スフレと呼びますが、あえて翻訳すればタマゴシャボンダマ料理でしょうか。

第六章　粥《かゆ》（ムース）について

粥あるいはムースは、先にも触れたように歴史的な考証からも、またそれ自体が内包する理由からも、世に行われている穀物の食べ方の中でもっとも古いものといえます。

粥とは一般に、ある程度の時間をかけて、沸騰する液体の中で澱粉質の多い穀粒、木の実あるいは根菜の膠質をできるだけ完全に解きほぐしたものをいいます。まさにこの理由から、よく調理された粥は、植物を利用した食べ物の中でもっとも栄養価の高いもののひとつであり、早くから離乳食として使われ、また農耕民族の間では、貧しい人びとの最後の頼みの綱でもありました。したがって、カトーが農耕に関する彼の著作の中でくりかえし粥に触れ、ヒポクラテスさえ、[1]ダイエット（養生）について語る際、パンよりも粥を優先したのも当然といえます。

しかしこの料理に使える植物は、どの程度液体に溶けるのか、取り除くべき不純物をどの程度含むのかなど、それぞれに十分気をつけねばならない異なる性質をもっています。それゆえ粥の調理には、い

1　ヒポクラテス『養生論』第三巻八章。また第二巻八章も参照。

く通りもの方法が生まれるのです。

たとえばオリエントでは、溶けやすく、糖分を多く含むコメは、まず個々の粒が水気を十分に吸い取るまで茹で（これには時間はかかりません）、つぎにその茹で汁を捨て、冷たい水を注ぎかけるか、あるいはただ火から離して冷まし、好みのものを加えてもう一度十分に煮ます。

アンゲリ神父は、オリエントの人間は柔らかく煮たコメに吐き気を催すと報告しています(2)。同じことを、すべての旅行者、そしてレヴァントに移り住んだヨーロッパ人が証言しています。われわれと違う例として、東方の人びとが日常とする料理を挙げてみましょう。

「コメを水で固めに茹でたあと、すべての茹で汁を捨てます。この茹でた固めコメを、少量のバターと小さく切った肉、タマネギ、アーモンド、干しブドウ、粒状のコショウ、チョウジ、シナモン、カルダモンなどを敷いた上にひろげ、弱火で完全に煮つめます。最後にもう一度火を強くし、溶かしたバターを加えてしみ込ませます。」これで、すべてのオリエント人が愛するピロー（ピラフ）の出来上がりです。ただし、この調理法でピラフをつくって見ようと思われる方にはアーモンドと干しブドウは避けるようおすすめします。

もうひとつの簡単な例。

コメを少量の、すなわちひとつひとつのコメ粒が膨れても互いに触れ合わない量のブイヨンで茹で、コメ粒が汁を十分に吸い取りましたら、溶かしたバターを注ぎかけます。

このようなピラフでは、バター、ブイヨン、肉の代わりに卵、野菜その他を混ぜ、果汁やさまざまな香辛料を加えたソースを注いでもかまいません。才気あふれる料理人には、臨機応変の機会がいくらでもあります。

イタリア人は、同じように固めに茹でたコメにバターを吸い込ませ、それにパルメザンチーズをたっぷりふりかけ、その上によく煮込んだ去勢肉用鶏、若雌鶏、あるいはその他のあまり美味でない鳥肉を載せます。コメを水ではなく、それらの鳥の煮出し汁で茹でると、コメの味がさらに加えた鳥肉と見事に結びつきます。

ミラノ風コメ料理の一例。選り分け、何度も洗い、そして再び乾かしたコメを少量の良質バターとともに火にかけ、粒がいくらか黄金色になるまで炒《い》ります。これに鳥ガラの煮出し汁をごく少量加え、粒がその汁を完全に吸い取るまで待ちます。汁を吸い、十分に柔らかくなったら、煮込んだ鳥肉を加えます。牛の髄を加えたり、そしてミラノでは、脂っこいソーセージ、チェルヴェラタを加えることもあります。

キビやソバの粗挽《あらび》き粉《こ》も、コメと同じように調理します。穀物に乏《とぼ》しいバイエルンの森の近くでは、キビをよく粥にして食べます。これは、塩で味つけしたキビをミルクで茹でたあと、火から離して冷まし、バターを落とした陶製の器にそれを移し、オーブンでゆっくり炙ります。その上に、粥に外皮ができるよう、さらにバターの小片を載せます。

2　『ガツォフィラキウム』アムステルダム、一六八四、フォリオ第三四八。

ソバの粗挽き粉の場合も同じです。ホルシュタイン地方やデンマークでは、ソバの粒をミルクで茹でたあと、新鮮なバターあるいはクリームを加え、栄養価の高い、しかしいくらか胃にもたれるその地方独特の粥とします。よく熟し、天日で乾かしたソバは、それ自体とても甘く、好ましいものです。ですから、思慮深い料理人は、この穀物を使ってのよりおいしい料理をもっと工夫すべきです。このソバの粉をさまざまな方法で味つけし、肉料理と結びつけて、とてもおいしいポレンタをつくることもできます。

ロンバルディア地方の民衆の間で愛されるポレンタは、トウモロコシの粉を煮え立つ熱湯の中に一気に投げ込んでつくった固粥《かたがゆ》を練り上げたものです。トウモロコシの味は、やさしく、甘く、それゆえこれに対比する味をいっそう引き立てますが、脂肪分を加えないポレンタは、かさぼったく、消化も悪いものです。フランスのある地方では、農民がトウモロコシをミルクも脂あるいは肉も加えず食しますが、これはポレンタの悪い影響といえます。それに対してゆたかな枢機卿管区《すうきけいかんく》であるロンバルディアでは、多くの場合ポレンタは、質は落ちるものの脂肪分の多い肉とともに食され、それゆえこの地では、屈強な男たちが育つのです。

ポレンタを糸で輪切りにし、新鮮なバター、塩、細かく削ったトリュフを挟んでケーキ状にし、さらに溶かしたバターを塗ってオーブンあるいはトルテ鍋で軽く焦げ目がつくまで焼けば、当然のことですが、まったく素晴らしい料理が出来上がります。

トリュフの代わりに、パルメザンチーズでもかまいません。

北アメリカを艱難《かんなん》のすえ横断したマッケンジー〔一七五五?－一八二〇〕は、まったくかさばらない、毛皮猟師や商人のためのトウモロコシ料理を紹介しています。トウモロコシの粒をそのままカリ塩を飽和させた水の中で、外側の皮が離れるまで煮立て、それをよく水洗い（水に浸す?）したのち、板の上にひろげ、袋に詰め込むことができるまでに乾かします。これを二時間、弱い火の上で水で煮、煮つまったところで獣脂あるいはバターを多めに加え、さらに粒が完全に溶けるまで煮立てます。これに少量の塩を加えれば、健康的でおいしい、かつ滋養十分な食べ物が出来上がるというのです。このようにすれば、乾燥したトウモロコシ一ポンドで、毛皮猟師は二十四時間分の腹を満たし、栄養を摂ることができるとのことです。

これは、スカンディナヴィアの粗挽き粉料理に似ていますが、それよりも栄養価は高いようです。スウェーデンの農夫は、粗挽き粉を団子にして茹で、それを切って乾かしたものをもって、職を探しての旅に出ます。

イタリア人は、四旬節の精進料理として、クリ（トチの実）を使ってポレンタをつくりますが、これは、ねばねばした舌触りや甘い味ゆえ、北方の人間には好まれません。

細かいコムギ粉を液体の中でかき混ぜ過ぎると、それを煮た粥は、歯にくっつく消化の悪い糊《のり》状になります。そこで私は、粉をあらかじめ弱火の上で良質のバターで炒り、白くなったところで水、あるいはブイヨンあるいはミルクでとくことをおすすめします。ミルクやブイヨンを使うと、粥はいくらか甘くなります。また水だけでとく場合には、たとえば采の目に切って焦がしたベーコン、あるいはタマネギ、あるいは繊細な薬草など、やや刺激のある薬味を加えることをおすすめします。
ライン下流地方の農民たちは、ライムギ粉を水で煮つめて硬めの粥をつくり、それを匙《さじ》などですくい取り、バターを敷いた熱い皿にのせます。この料理は、たしかにおいしいのですが、ねばねばして大変食べにくいのが難点です。

コメ、その他の穀粉、それにポレンタは、すでに注意したように、ちょっと油断すると分解しやすい成分がすぐに糊状に煮つまってしまいますので、手早く調理することが必要です。それにくらべて、消化の悪い、時間をかけて柔らかくしなければならない種皮をもつマメ類の粥は、調理に時間を要します。皮は、煮つめた豆を篩《ふるい》に通して除きます。ただレンズマメは、かき混ぜながらゆっくりと煮ると、すべてがときほぐれます。それゆえエジプトでは、煮るのに使う水を前もって煮立て、それにバター、塩、香辛料、さらにあらかじめ焼いておいたタマネギなどをたっぷり加え、最後にマメを入れます。旅行者がほめそやすこの料理はしかし、その多くをエジプト産レンズマメの特別な品質に負っているのではないでしょうか。

完熟したエンドウマメの場合、このマメ特有の苦みは、バイエルン地方で普通に行われているように、バターを敷いて焦がしたコムギ粉を加えることで除くことができます。エンドウマメの粥が農民の常食であるデンマークでは、セロリの塊茎《かいけい》を加えて煮つめます。

茹でたクロキャベツ(3)と輪切りにしたパンの上に、少量の獣脂あるいはオリーヴ油を加えたインゲンマメの粥をかけたものは、トスカーナ地方の農民がもっとも普通に摂る、けっして不味《まず》くはない料理です。

ヒヨコマメ（エジプトマメ、チチェル、ガラヴァンソス）の粥には、少量のオリーヴ油、レモンの搾り汁、コショウを加えます。これは、イタリア人およびスペイン人の好むおいしい四旬節の精進料理です。

それに対して、北ドイツでもっとも好まれる農民料理は、十分にアク抜きし、水分がなくなるまで煮つめたジャガイモの固粥《かたがゆ》です。皮をむき、細く切ったジャガイモは、有害な液汁を抜くため、数時間、何度も水を替えて洗います。つぎに、多めの塩を加えた水で形が崩れるまで茹で、茹で汁を完全に捨てます。そしてさらに三十分、余熱の上でかき混ぜながら、残った水分を飛ばします。これをミルクあるいはブイヨンで柔らかくし、バターを加え、好みに応じて味をつけ、形を整えます。

これの変わり種としては、多めのバターあるいはブイヨンでといた卵黄を加えて均等に混ぜ、オムレツあるいはフランス風タマゴケーキの形にし、上にバターを被せ、さらにパルメザンチーズをふんだんに振りかけ、オーブンあるいはトルテ鍋の中で転がしながら、上からの火で黄金色に焼き上げたものがあります。ブイヨンの代わりに生クリームを使い、塩やシナモンを加えるのもよいでしょう。これは、焼く前に泡立て器で強くかき混ぜるか、あるいは泡立てた卵白を加えて、より軽いものにすることもできます。

このジャガイモの固粥に繊細な薬草の混ぜものを加えて、裏ごしします。たとえば、ホウレンソウを半分、他の半分はスイバ（スカンポ）、セルフィーユ（チャーヴィル）、パセリ、ヒベリユ、タラゴンを混

3　カウリ・ネリ。中部イタリア特産のキャベツ種。

ぜたものを使います。これらの薬草を濃いめのブイヨンで、きれいな緑色を保つよう茹でます。これを液汁が流れ出さないよう注意しながら微塵に刻み、約二倍のジャガイモの固粥に入れ、よくかき混ぜたあと、粗い毛のあるいは金属製の濾し器で裏ごしします。これにさらにバターを加え、塩をふり、もう一度火にかけます。十分に熱くして火から下ろし、冷めないよう蓋をして食膳に供します。

熟したカボチャの粥は、ミルクと香辛料を加えて、十六世紀には教皇の食卓にさえ供されたとのことです。しかしミルクを加えたカボチャの粥は、ただ甘いだけで、気の抜けた味です。あるいは、濃いめのブイヨンで煮つめ、バターを加え、繊細な薬草と香辛料で味付けし、コメを混ぜれば何とかなるかもしれません。

最後に、ランフォード式スープについてひとこと。その成立過程およびその性格から見ても、この学者による化学的実験から合成された粥は、今日に至るまで、博愛主義者の間で侃侃諤諤《かんかんがくがく》の議論を呼んでいます。

第七章　野菜について、三つの部類

今日、植物材からの食材は、まとめてゲミューゼ（野菜）と呼ばれています。もともとそれらの大部分が、「ムースにされて」（ゲミューゼ）、食膳に供されるからでしょう。

野菜は、乾燥した豆類や肉厚の塊茎《かいけい》類を例外として、おしなべて滋養分が少ないものです。しかし滋養分の多い食べものとともに摂れば、それぞれがそれぞれのやり方で、体にとって効果的に作用します。あるものは下腹部を柔らかくし、あるものは体液を浄化し、新鮮にします。要するに正しく摂れば、自家製の薬となるのです。賢明な主婦は、野菜それぞれの効能を知り、四季折々の使い方を心得ているのです。じじつ、長い航海のすえ岸辺に辿《たど》り着《つ》き、そこで新鮮な野菜を摂るだけで病気を治《なお》した旅行者の報告ほど、野菜の効能を雄弁《ゆうべん》に語るものはありません。

料理術の観点から野菜は、次の三つの部類に分けることができます。第一の部類には、栄養価ではすでに触れた乾燥マメ類には及ばないとしても、それでもいくらかの滋養分を含む野菜が属します。第二の部類は、粗く、消化もよくない繊維とわずかな滋養分から成るのですが、それでもさまざまな風味ある塩味や有益な酸味を含有する野菜です。第三の部類は、繊細な細胞組織にゆたかな香りや辛味成分を含むことから、単なる野菜としてではなく、むしろ他の食物をよりおいしくするために使われる植物材です。

第八章　栄養価の比較的高い野菜（第一部類）について

ジャガイモ(1)

この部類では、ジャガイモという抜群に素晴らしい塊茎《かいけい》野菜が、とうぜん第一に挙げられるでしょう。繰り返しになりますが、いかなる場合でも、不味《まず》くて毒ともなる液汁を除かねばなりません。熱い灰の中で焼いたジャガイモは、液汁をすべて気化させ、澱粉のみを残したものですから、まったく安全でおいしいものです。イギリス風に蒸《ふ》かしたジャガイモは、あらかじめ数時間かけてアク抜きさえしておけば、同じ理由から安全でおいしいものです。

オランダやそれに隣接するフランスの一部では、よくアク抜きしたジャガイモを、あらかじめ茹でることなく、バターとともに蒸します。これも、アク抜きが根気よく入念にされていれば、じつにおいしいものです。

1　ソラヌム・トゥベロスム・エスクレントゥム（リンネ）。トマト属の一変種（ミラー）。〔ジャガイモは長い間、液汁に毒をもつ食材とみなされていました。〕

ジャガイモの固粥《かたがゆ》についてはすでに述べました。野菜料理としてのジャガイモには、バターとブイヨン、あるいは生クリーム、あるいは刻んだニシン（イワシならなおよし）、エシャロット、繊細な薬草から成るとろみのあるソースなどが合います。アク抜きしたジャガイモを水から煮て、弱火で水気を飛ばし、最後にバターで炒《いた》めたパン粉を振りかけます。これはラインラント地方の料理法です。

ところでジャガイモには、ホクホクしたもの、粘り気のあるものなどさまざまな種類があり、それぞれをそれぞれの方法で調理します。ホクホクしたものは、固粥にしてローストビーフ、蒸し魚、蒸したベーコンの付け合わせにします。粘り気のあるものは、さまざまなソースで和《あ》えて、温野菜あるいはサラダにします。水気が多く、味のないジャガイモは、ただ家畜の餌にするだけです。イタリアや南部ドイツでは、この種のものがいいかげんな扱いで良質のものに混ざりこみ、ジャガイモ全体の評判を落としています。

アーティチョーク(2)

南ヨーロッパでは、アーティチョークが一年の中の約三カ月の間、北ヨーロッパですでに一世代前からジャガイモが民衆の食べ物の中で占めていた地位に就きます。アーティチョークの親株の蕾《つぼみ》は、澱粉質に富み花頭《かとう》が形つくられる前では、外側の葉さえ多肉で食用となります。アーティチョークは、取り除くか和《やわ》らげねばならない苦い液汁をもつことでも、ジャガイモと共通しています。このアク抜きは、新鮮な水に浸すか、あるいは塩水で茹でるか、あるいはゆっくりとこの塩水を気化させるか、あるいは熱い灰の中であるいは網の上で焼くかして行います。

この焼いてアクを抜く方法は、完全に花を開いてしまった、あるいは古くなったアーティチョークにあって、特に有効です。花頭から、花心あるいはすでに半分熟した種《たね》を完全に抜き取り、網の上に置き、溶けたバターあるいはオリーヴ油を出来たくぼみに注ぎ込み、たっぷりと塩とコショウを利かせます。しばらく焼いて、必要であればさらにオリーヴ油あるいはバターを注ぎ足します。この料理は、ローマやナポリの靴屋《くつや》の倹《つま》しい食事にもなっています。彼らは、革を縫《ぬ》う目打《めう》ちを温める火鉢を非常に経済的に火床として使うのです。また芯をくりぬいた花頭をトルテ鍋の中に並べ、上述のように溶けたバターあるいはオリーヴ油を注ぎ、塩を利

図3　アーティチョーク（キナラ）、水彩、ジャック・ル・モワーヌ・デ・モルゲ、1575年頃、ヴィクトリア・アンド・アルバート美術館蔵

2　キナラ。変種の中では球形のもの（ホルテンシス）がもっとも愛らしく、北方ではもっとも好まれています。

かせ、弱火でゆっくりと蒸すこともできます。

ところでイタリア人は、多くの場合アーティチョークをまだ花心が育たない若いうちに食用にします。この小さなアーティチョークから外側の葉を折り取り、残った部分の針状の先端を切り取れば、それは、そのまま蒸しても焼いても、まったく柔らかくおいしいものです。

これをフランス風では、卵黄でとろみをつけレモンの搾り汁を加えたホワイトブイヨンで、イタリア風では、オリーヴ油、塩、レモンの搾り汁で煮込みます。また柔らかいアーティチョークは、アク抜きしたあと、こってりとしたブイヨンで繊細な薬草あるいは小さなエンドウマメとともに煮込みます。このエンドウマメは、アーティチョークに心地よい甘みを加えます。

私は、アーティチョークを鳥肉、仔牛あるいは子羊の肉を若いカボチャや風味ある根菜類などと刻みこんだ、いわゆるヴルゴ・フリカッセとともに、さらに繊細な薬草とレモンの搾り汁を加えて、煮込んだことがあります。

若いアーティチョークは、入念に千切り《せんぎ》りし、数時間塩水に浸したあと、獣脂で揚げることもできます。揚げる前に卵黄を被《かぶ》せ、パン粉の中で転がせば、黄金色に輝く美しい揚げものが出来上がります。

アーティチョークは、若いうちに収穫し、針《はり》状の先端と外側の葉を除き、四つに切り分け、軽く茹でてから紐《ひも》をとおし、天日あるいはごく弱い火の上で乾かせば、丸一年保存できます。これを使う前には、一晩、水に浸けてもどします。

若いアーティチョークを四つに切り分け、約一時間薄い灰汁の中に浸けたあと、何度も水洗いし、最後に布で完全に水気を取り、琺瑯《ほうろう》びきの器の中で、オリーヴの塩漬けと同じように、塩水に浸けこみます。その際、美しい緑色を保つために、塩にその十分の一の硝石《しょうせき》を加えます。この塩漬けを食卓に供するときは、あらかじめきれいな水で十分洗い、布で水気を取り、少量のオリーヴ油とレモンの搾り汁を滴《したた》らせます。

アーティチョークの一変種であるカルドン(3)は、茎を食用にします。多肉質の茎は、塩水で茹でたあと、手で硬い皮を入念に除き、適度の長さに切り、やや酸味がのこるままに蒸すか、あるいは他の野菜とともに、衣をつけて黄金色に揚げます。

カルドンは、生のまま皮をむき、そのまま蒸すこともできます。しかしアーティチョークもっていた苦味が苦手《にがて》のひとは、あらかじめ茹でておいた方がよいでしょう。いずれにしても、アーティチョークもカルドンも、イタリアやスペイン産よりも北方のものの方が、苦みは少ないようです。

カボチャ

普通に見られる小型のカボチャ(4)も、細長いいわゆるヒョウタンカボチャ(5)も、南ヨーロッパでは南アジ

3　キナラ―カルドゥンクルス。
4　ククルビタ、ペポ。
5　ククルビタ・ロンガ、フォリオ・モルリ、フロレ・アルボ。

図4　カボチャ（ククルビタ）、鉛筆画の上に水彩、フランツ・ホルニイ、1817年

ア と同様、しばしば野菜料理に使われます。ヒョウタンカボチャは、普通のキュウリぐらいの長さになりますが、しかしメロンの形をした小型のカボチャは、だいたいリンゴぐらいの大きさです。この果菜は消化がよく、栄養価もそれなりにあり、南の国のひとによれば、気分をさわやかにする効能もあるそうです。

塩水で茹で、冷ましたのち、オリーヴ油と酢、それにいくらかの柔らかく風味のあるサラダ用薬草を加えて、サラダとしていただきます。またこってりとしたブイヨンとともにゆっくりと煮つめ、刻んだ繊細な薬草と少量のコショウで味付けします。あるいは、あらかじめ茹でたものを衣で被い、黄金色に焼き揚げます。また大きめのものは、中にさまざまな刻みものを詰め、濃いブイヨンとともに蒸し煮にします。

塩水で硬めに茹で、水気を切り、トウガラシ、タラゴン、バジリコ、その他の繊細な薬草を加えて琺瑯《ほうろう》びきの器に入れ、煮立てた強い酢を注いでしっかりと蓋をすれば、数日間あるいは数週間保存することができ、ちょっとした前菜あるいは蒸し物の付け合わせとして使えます。

よく熟れたカボチャの果肉は、甘くホクホクしています。これをスウェーデンカブ（ルタバガ）の場合のように短冊あるいは采の目に切り、ブイヨンとともに煮、それにバターで焦がした砂糖をほんのわずか加えて甘さを強めるか、あるいは繊細な薬草、コショウ、レモンの搾り汁を加えてこってりとさせます。スープの具材にも使えますが、その際にはコメを混ぜるとよいでしょう。

熟したカボチャの果肉は、他の料理のつなぎとしても使えます。シエナのコショウパン（パン・フォルテ）は、その名声を当地産のおいしいカボチャの果肉を煮た生地に負っています。

未熟の莢豆《さやまめ》

若いエンドウマメ、ソラマメ、それに半分熟したインゲンマメは、その外皮が消化のよくないにもかかわらず、栄養価の高い野菜として使われます。

エンドウマメ(6)の若いのは、多くの糖分を含んでおり、それが最大の特長でもあります。この糖分を活《い》

6　ピスム、サティヴム、ホルテンセ。これには甘味に強い弱いの違いのある多くの変種があり、それについては、リューデル、サッコウなどの園芸専門書を参考。

かすため、前もって水で茹でることなく、ブイヨンあるいは少量のバターとともに蒸すことが大切です。イギリスやドイツの多くの地方では、莢《さや》つきエンドウをたっぷりとした水で茹で、栄養分を含むその茹で汁を捨て、アクを抜いた温野菜としてそのまま、あるいはバターを添えて供します。さらに砂糖や香辛料を加えることによって、エンドウから失われた本来の味は人工的なものに代えられるのです。さて、賢明な読者諸氏はどちらの方法をお選びになるでしょうか。

莢つきエンドウは、アスパラガス、ニンジン、アーティチョーク、未熟のカボチャなどの野菜、また小さく刻んだ鳥肉、子羊の肉などとも相性がいいようです。スープの具材としてもすぐれていることは、第一巻の十二章で見たとおりです。

ソラマメ(7)もエンドウと同じように、未熟の状態で料理に使います。完全に熟していなくても大きく育ったソラマメは、驚くほど甘くホクホクしています。この大きく育ったソラマメは、塩を加えたたっぷりの水で皮がはじけるまで茹で、布で水気を取り、ナプキンに包み、溶けたバターを添えて食卓に供します。食べるときには、硬く消化の悪い皮から中味を取り出し、ひと粒ひと粒バターに浸します。もちろんこのような食べ方は、内輪の食事に限ります。お客を招いた食事では、すでに厨房《ちゅうぼう》で茹でたソラマメの皮は除き、バターと繊細な薬草を加えたブイヨンで煮込んでおきます。あるいはイギリス風に、それを骨付きアバラ肉とともに蒸し、さらにその肉の煮出し汁で皮を除いて煮込みます。このように料理されたソラマメは、器の周囲にきれいに並べて食卓に供します。

インゲンマメ(8)いわゆるファセオリンは、半分熟したものを塩水で茹で、冷ましたのち、オリーヴ油、レモンの搾り汁、コショウで味をつけます。このイタリア式料理は、おすすめに値します。インゲンマメは、緑の莢がついたまま折り取り、温野菜あるいはサラダとして食します。これについては、次の章で取り上げます。

ヒヨコマメ(9)は、莢《さや》つきのまま裏ごししたスープ（ピュレ）にとろみをつけておいしくする具材として使われます。この外皮は消化が悪く、温野菜として食するには適しているとはいえません。ヒヨコマメは、北でも育つには育つのですが、あまり栽培されていません。

多肉の根菜類

セロリ(10)の根は栄養価もあり、野菜および風味料として、しかしその葉はただ香味料として、特にブイヨンの風味づけに使われます。塊茎《かいけい》をもたないイタリア種は、葉が勢いよく育ち、味も刺激性が少なく、根とともに丸ごと茹で、あるいは蒸して、付け合わせの温野菜とします。

7　ファーバ、マヨール。小型の品種の中にもとてもおいしい変種があります。
8　ファセオルス。多様な変種については、植物学者、園芸家の専門書を参照。
9　キケル・サティヴス。スペイン種のガラヴァンソは、オルヤ（オジャ）に欠かせないものです。
10　アピウム・ドゥルケ、デゲネル、ラディケ・ラパッカ。エピヒとも呼ばれます。この重要な野菜の品種と呼び名については、J・H・フォスの有名な牧歌詩『ルイーズ』の最新版に委細をつくした解説があります。

セロリの塊茎は、いろいろな甘い野菜の微塵《みじん》切りと混ぜて、たとえばジュリエンヌのようなスープの具としますが、単独で温野菜としても使います。

セロリの塊茎をえぐり、その中に柔らかい肉と風味のある薬草の微塵《みじん》切りを詰め、バターを添えて器に並べ、オーブンあるいはトルテ鍋でホワイトソースとともに蒸し焼きにします。濃いめのブイヨンと時間をかけてゆっくりと煮つめ、ブラウンソースで仕上げれば、いっそうよいでしょう。

千切《せんぎ》りにしたセロリに衣をまぶし、他のものとともに獣脂で黄金色に揚げることもできます。

硬めに茹で、レタスなどと混ぜてサラダにすることもできます。

パースニップ（サトウニンジン）(11)

栄養価も高く体に良いこの根菜は、いくらか甘みもあり、より癖のある他の根菜と混ぜて使います。ニンジン、セロリ、テンサイ（砂糖大根）その他とともに煮つめ、裏ごししてスープの具とします。ジュリエンヌの材にもなります。同じ大きさの采の目に切ったパースニップ、少量のセロリ、多めのサルシファイを正方形の形に整えた仔牛の肉の塊とともに、キャセロールの底に敷いた薄切りのベーコンの上に載せ、塩をふり、少量の水を加えて蓋をし、弱火の上で約一時間半、焦げ付くことなくすべてが完全に柔らかくなるまで蒸します。皿の中央に仔牛の肉塊を据え、他のものをその周りに並べます。すべてが白く柔らかく仕上がれば、この料理は本当に食欲をそそります。とうぜんのことながら、ベーコンは盛り付けから外します。味が足りないようでしたら、レモンの搾り汁を数滴あるいは香辛料を加えてください。

ニンジン(12)

これは、ブイヨンの風味料にも使える美味で体によい根菜です。特に早穫りのニンジンはとても柔らかく、やや薬草じみた甘みもけっして不快ではありません。これは、良質のブイヨンで蒸し、微塵《みじん》切りしたパセリを少量ふりかけていただきます。良質のブイヨンがなければ、燻製《くんせい》のベーコンで急場《きゅうば》をしのぐこともできます。平鍋、あるいはキャセロールの底に燻製のベーコンを数切れ敷き、その上にニンジンを並べてひたひたにつかる量の水で蒸し、水気がなくなると少量のバターを落とします。

ニンジンには、たとえばジュリエンヌやマトロートのように、アスパラガスやグリンピース、それに他の根菜類など、さまざまな野菜を混ぜることができます。ニンジンをよくアク抜きしたジャガイモとベーコンの塊とともに蒸したものは、ドイツのいくつかの地方では、ほとんど国民的料理とさえいえます。牛肉のまわりにニンジンを並べて火にかけ、肉汁をゆっくりと吸い取らせ、かつ肉の付け野菜として盛り付けたものは、まさにイギリス人の国民的料理といえます。

冬を越したニンジンは、早穫りのニンジンほど糖分を含んでいません。それゆえ越冬ニンジンの料理

11　パスティナカ・サティヴァ。

12　ダウクス・サティヴス、カロータ。この変種については、園芸家や料理人は周知のはずです。

には、ほんのわずかな砂糖を加え、甘みをもたせます。

火にあぶって焦げ目をつけたニンジンは、こってりとしたゼリーやブラウンブイヨンに独特の風味を与えます。

サルシファイ（西洋黒ゴボウ）(13)

繊細な風味のおいしい冬野菜です。ブイヨンで柔らかく煮込み、バターとともに白く泡立てたコムギ粉でとろみをつけ、それに少量のレモンの搾り汁を加えます。パースニップとの組み合わせについては、前述のところを参照。冬に獲れるアスパラガスと混ぜ、酸味のあるホワイトソースでいただきます。

塩水で茹でて、特別なソースを使うことがあります。しかしこれは、この根菜が冬野菜には珍しくない堆肥《たいひ》や腐《くさ》った藁《わら》の臭いをもつときのみに限ります。

カブ(14)

カブは、広範にわたる家族を誇り、その構成員には互いに似ていないものも含まれています。

白カブ(15)は、たしかに苦みもあるのですが、それを許すに十分な糖分を含んで甘く、特に五月カブ、すなわち早穫りカブとして広く使われています。これは、コメを加えてとろみをつけたブイヨン、特に脂の多い去勢牛の肉煮出し汁で茹でれば、素晴らしい温野菜となります。白カブを他の根菜類とあまり上等でない肉類とともに、オルヤ（オジャ）やジュリエンヌとして煮込めば、たしかに消化はよいとはいえませんが、しかし滋養のあるおいしい料理が出来上がります。

塩水で茹でた白カブにバターと微塵切りにしたパセリをふりかけるひとがいますが、これですと、この根菜が本来もつ甘みはほとんど失われてしまいます。

スウェーデンカブ[16]や他の多肉の冬カブは、大きめの短冊に切り、十分に火がとおり柔らかくなるまで普通のブイヨンで茹でます。別の平鍋でごく少量の砂糖をバターで焦がし、その中に茹でたカブを入れ、美しい色をつけます。

ドイツ人の間では、またスラブ人の住むいくつかの地域では、大型のカブ（リューベン）を潰し、塩を加えて発酵させ、ザウアークラウトに似た、リューベンクラウトをつくります。野菜の酸味に欠ける冬場には、このリュウーベンクラウトは、健康的な保存食として大いに役立ちます。しかし私には、この種のカブのダイコンに似た味は、慣れることができませんでした。

ブランデンブルグ地方は特別なカブを産し、ブランデンブルグカブあるいはテルトーカブと呼ばれて各地に送られています。このカブは他の土地では育たず、おそらくバイエルン地方で見られる、似ているがより肉厚のカブは、原種が同じと思われます。これもブランデンブルグのカブと同じく、茹でたあ

13　スコルツォネラ、ヒスパニカ、ラティフォリア・シヌアタ。
14　ラーパ（リンネではブラッシカ）。
15　ロトゥンダ、サティヴァ、ラディケ・カンディダ。多くの変種があります。
16　ナプス・サティヴァ、ラディケ・アルバ。

と焦がしたコムギ粉できれいな黄金色をつけます。

パセリの根(17)

パセリの根は、その独特の味が長く変わらないことからスープやソースの風味づけ、あるいはさまざまな温野菜に混ぜて使います。

とりわけ淡水魚、鳥、それに仔牛、子羊、子山羊の胸肉や骨付き肉とは、とても相性がよいようです。ただこれらの品々の加熱に耐える程度によって、切る大きさ、煮汁に加える頃合いを決めることが大切です。

ビート

一般に赤カブ(18)と呼ばれているものは、多くの糖分を含んで甘く、それゆえそのまま付け合わせの温野菜とされることはなく、酢に漬けたり、苦みのある薬草やジャガイモと混ぜてサラダとします。イタリアではビートを、パンを焼いたあとの窯、あるいは普通の竈《かまど》の熱い灰の中で焼きます。こうすると、水で茹でたのとは比べものにならないほど、おいしくなります。

黄色のビート(19)は、少量の強い酢とコショウを加えたブイヨンで茹でると、赤いものよりはるかにおいしい温野菜となります。

キュウリ[20]

この繊維が多く、消化もよいとはいえない、それゆえ南の国では下痢のもとと恐れられている一風変わった果菜を、栄養価が高いとされるこの野菜部類に加えることは、はばかられるかもしれません。しかしだからといって、この風味に欠けるとはいえ独特の甘みをもつ果菜を第二、第三の部類に入れることもできません。それに、その液汁は血液をきれいにし、肺や肝臓の機能を強めるすぐれた効能をもつともいわれています。このことからここではとりあえず、この果菜を栄養価の比較的高い第一の部類の野菜群に加えることにします。

未熟なキュウリは普通、皮をむき、生のままスライスし、サラダとして食されます。また役立たずの代名詞にもされるこの果菜の唯一《ゆいいつ》役に立つもの、すなわち液汁を搾ることもします。

未熟なキュウリは、皮をむき、ぶつ切りにし、強く香辛料と酸味を利かせたブイヨンで茹でれば、何とか付け合わせの野菜として使うことができます。中をくりぬき、細かく切った肉を詰めるのもよいでしょう。十分に育ったキュウリを普通の野菜とみなせば、その皮をむき、水に浸けて柔らかくしたのち切り分け、薄く切ったハムの上に載せ、あるいは少量のバターも添えて火にかけ、茶色の焦げ目がつい

17　アピウム。—ペトロセリヌム・ラティフォリウム。
18　ベータ・ヴルガリス、ルブラ・ラディケ。
19　ホルテンシス、アルバ・ヴェル・パレスケンス。
20　ククミス、意気地なし、ククメル。サタィヴス、ヴルガリス。

コショウで味付けします。

たところで、良質のブイヨンをスプーンで繰り返し滴《したた》らせます。こうしてゆっくりと煮込めば、十分に柔らかくなり、ブイヨンを吸い込みます。これを好みに応じて、少量の酢、微塵切りにした繊細な薬草、コショウで味付けします。

しかしキュウリの真骨頂は、漬け物にあります。というのは、そのガラスのような海綿状の細胞組織は、まさにそこから引き出そうとする、あるいはその中に入れ込ませようとする、さまざまな味に敏感に反応するからです。早穫りの小さなキュウリは、酢を加えた煮出し汁に浸け、好みに応じてウイキョウ、セイヨウワサビ、ニンニク、トウガラシなどで味つけします。この漬け物には、キュウリは晴れた日に摘み取り、質の良い物だけを選ぶこと、それにきついワインビネガーが手元にあることが必須の条件です。最後にこれらをよく混ぜ合わせ、涼しく乾いたところに保存します。

より大きく育った、しかしまだ完全には熟していないキュウリは、ウイキョウ、それにブドウおよび桜の花とともに塩漬けにします。これを上手に発酵させると、塩辛くもなく、といって酸っぱくもない、まさによくできたザウアークラウトのようになります。この発酵キュウリの漬け物は、ボヘミア、ラウジッツ、それにスラブ人の住む北方の多くの地域で、大量に、そしてみごとにつくられています。北の地方では、発酵した野菜が不足する果物の酸味を補っているのです。しかし私個人としては、オランダ風の発酵キュウリを好みます。その理由はふたつ。そのひとつ、オランダで好んで栽培される白く、長い、表面がごわごわしたキュウリ自体がすぐれているから。そのふたつ、オランダ人はキュウリの味を引き出し、それを壊さないためにトウガラシや他の香味料を加減よく加えるからです。

ほとんど熟し、黄色みを帯《お》びはじめたキュウリは、皮をむき、種《たね》とわたを掻き取り、残った果肉部を長く大きく切り、塩、粒のままのカラシナの種、セイヨウワサビ、粒のままのコショウとともに、さらにニンニクを毛嫌いしないひとはその少量を加え、水気を切った容器の中に並べます。月桂樹《げっけいじゅ》の葉、種を抜いたトウガラシを加えてもよいでしょう。つづいて強い酢を煮立て、沸騰したまま上から注ぎます。数日間、古い酢を注ぎ出し、また新たに沸騰する酢を注ぎかけることを繰り返します。最後に容器を密封し、使うまで、涼しく乾いたところに保存します。

第九章　栄養よりもむしろ風味に価値のある野菜（第二部類）について

アスパラガス(1)

この種の野菜でもっとも愛されているのは、アスパラガスでしょう。

南ヨーロッパでは、いやイギリスでも、沼地でしばしばアスパラガスをその本来の姿で見ることができます。野性アスパラガスのほとんどは食用に適しませんが、ただいくつかの変種は、小さいことに目をつぶれば、おいしい山菜として採取されています。

栽培用アスパラガスは、砂地ではその根を地中深くに埋め込み、頭を地上に出したら、直ちに掘り取ります。肥沃な土地では、あまり深く埋め込む必要はなく、その代わり芽を出すと、掘り取る前にその上に約一ツォル（一寸）ほど土をかぶせておきます。前者は柔らかく、後者は味が濃厚です。これら栽培アスパラガスを、イタリアではあまりにも短く、ドイツではあまりにも長く茹でます。私は、その中間の道を行くことを選びます。いずれにしてもアスパラガスは、舌触《したざわ》りが柔らかいことが必須の条件ですが、それでもアク抜きしたり、茹ですぎたりすると、その繊細な風味は失われてしまいます。

アスパラガスは、洗ったら直ちに調理にかかります。冷水に浸すことなく、すばやく水を切り、束にし、塩を利かせたたっぷりの水を沸騰させ、その中に投げ込みます。茹であがりをたしかめるには、茎ではなく、頭をつまんでみます。これは、経験のない料理人がよく間違えることです。

茹でたアスパラガスは、冷ましたあと、イタリアではオリーヴ油、レモンの搾り汁、塩、コショウ、カラシのソースで、ドイツではバター、コムギ粉、卵黄の白ソースでいただきます。

他の野菜とともに、温野菜として、あるいは細かく切ってスープの具材としても使います。アスパラガスの柔らかい頭部は、他の柔らかい野菜と同じように、酢、コショウ、塩、その他の香辛料を加えた漬け汁に浸して保存し、蒸し料理の付け合わせに使うこともできます。

カリフラワー（花キャベツ）(2)

ドイツでは、白い蕾《つぼみ》をつける品種のみが一般に知られていますが、イタリアでは、その淡黄色あるいは緑色の変種(3)もあり、そのほかにも、ブロッコリーと呼ばれる、とても美味な種類も知られています。このブロッコリーは、特にローマのものがすぐれているのですが、しかし冬野菜によくあることですが、

1　アスパラグス。栽培用アスパラガスの多様な品種については、ゲルトナー父子（十八世紀から十九世紀にかけて活躍したドイツの植物学者）の研究を参照。

2　ブラッシカ―ボトリュティス―カウリフロラ。

3　イタリカ・プルプレア、ブロッコリ・ディクタ。これの白色の変種もありますが、あまり利用価値がありません。

栽培者の不注意からしばしば堆肥の匂いがしみ込んでいます。そのような堆肥にまみれたローマのブロッコリーを知る人は、その名声を聞いてびっくりするに違いありません。

カリフラワーは、塩を利かせた水で硬めに茹で、オリーヴ油とレモンの搾り汁、あるいは白ソースでいただきます。水から茹でるのでなく、清潔な布で包み、蒸し器を使って蒸しあげれば、栄養価を失うことなく、またいっそうおいしくなるでしょう。

ところで、カリフラワーの自然の甘さは、それをブイヨン、あるいはバターと少量の水で、ゆっくりと煮込めば、いっそう引き立ちます。これは、見た目が悪く、それゆえ小さく切っても折ってもかまわない不揃いの頭をもつものに適しています。茹でたカリフラワーは、レモンの搾り汁、あるいは細かく刻んだスイバで酸味をつけたり、あるいはまた、白く練り合わせたコムギ粉と卵黄でとろみをつけた、あるいはザリガニバター〔第一巻十二章参照〕とザリガニのむき身を加えた甘いクリームのソースで、甘みをつけることもできます。

次に紹介するのは、カリフラワーとウミザリガニ（ロブスター）と薬草ソースの料理です。小さく折って硬めに茹でたカリフラワーとロブスターの身を小さく切っておきます。別に、ロブスターの内臓に薬草と少量の良質の酢を加えて細かく擂《す》りつぶし、清潔で目の細かい篩《ふるい》で裏ごしします。この裏ごししたものを沸騰《ふっとう》寸前まで温め、強めに塩を利かせ、黒、白、赤トウガラシで味をつけて冷まし、さらにレモンの搾り汁および匙《さじ》数杯のオリーヴ油でゆるめてソースの出来上がりです。あるいはソースに、擂りつぶしたエシャロットを加えてもよいでしょう。この料理は、見た目にきれいに盛り付けることが大切です。たとえば、皿の中央にロブスターの肉、そのまわりにカリフラワーの白い蕾、そしてその外側に美しい緑色の、少しばかりこってりとしたクリーム状のソースの流れをつくります。

カリフラワーの蕾は、小さく刻んで野菜スープの具材としても使えますし、あるいは茹でたあと衣をまぶして黄金色に揚げ、レモンの搾り汁をかけていただくこともできます。

ブロッコリーはしかし生のままで、サラダとして、特に酸味の強いダイダイの搾り汁をかけていただきます。もちろんブイヨンあるいはラードとともに蒸し、コショウを十分に利かせていただくこともできます。イタリア人の間では、ローマ人は生まれつきのブロッコリーの蒸し名人（ブロッコリー・ストラスキナーティ）として、知られています。

キャベツ(4)

もっとも一般的な白キャベツ(5)は、自然の甘みを多く含んでおり、調理の際には、これが失われないよう十分に注意しなければなりません。またキャベツの緻密な繊維組織は、扱いを誤ると消化を悪くし、腸内にガスを生じさせることもあります。

ざく切りにし、十分に柔らかく茹でたキャベツの葉は、スープに心地よい味と何ともいえぬとろみを

4　ブラッシカ・オレラケア。
5　カピタータ・アルバ。

与えます。ざく切りの際には、なかなか柔らかくならず、味もよくない硬く太い葉脈《はみゃく》を取り除きます。もちろんキャベツは、ニンジンや精細な薬草とともに、ブイヨンで煮つめることもできます。

先の尖った早穫りの白キャベツは、半分に切りさき、硬い芯を除き、薄く切ったハムや牛肉の上に載せ、少量のブイヨンでゆっくりと煮込みますと、蒸した牛肉料理のすばらしい付け合わせになります。これを肉の周囲に盛り付け、さらに、キャベツの下に残っていた肉汁を、篩に通して焦げたハムや牛肉の薄切りを除き、盛り付けたキャベツの下に流します。

白キャベツは、あとで触れる漬け物にする場合と同じように、薄く削るかあるいは千切りにし、ブイヨンあるいはいくらかの獣脂とともにゆっくり煮つめ、ほんの少しの酢で酸味をつけます。紫キャベツ(6)も、同じように調理できます。この両者には、よく少量のキャラウェーを加えることがあります。白キャベツは、スペイン人の大好きな、さまざまな野菜と肉のあのおいしいごった煮、オジャ・ポトリーダにも欠かせません。

キャベツの太く硬い芯は、普通切り抜いて捨てられるか家畜の餌にされるのですが、やりくり上手な主婦はしばしば、これを小さく刻み、ブイヨンに酢とキャラウェーを加えて酸っぱく、あるいはバターとミルクで甘く蒸し煮にします。私には、このキャベツのあまりおいしくない部分が、まさにもっとも栄養に富んでいると思えるのですが。

細くそろえて削った白キャベツ、特に秋に収穫した平キャベツからは、塩漬けにし発酵させて、広く知られたザウアークラウトがつくられます。白ワインを少し残した樽《たる》に漬ければ、軽い発酵の心地よいワイン酸味のザウアークラウトができます。樽が新しくても、つぶしたブドウを底に敷けば、似たような効果が得られます。出来の良いザウアークラウトは、真黄色に美しく、香りも新鮮です。ザウアークラウトを煮るときは、かき混ぜると茶色になり、美しい黄色が失われます。ゆっくり蒸せば、焦げつくこともなく、したがってかき混ぜる必要もありません。

ザウアークラウトは、魚、カキと相性がよく、またその他の四旬節の精進料理にも使えます。ジャガイモ、白インゲン、黄色インゲンなどの固粥《かたかゆ》とも合い、ドイツ式の塩茹《しおゆ》で豚《ぶた》にはもっともふさわしい付け合わせです。

ときには、ボルスドルフのリンゴを入れて煮込み、甘くすることもあります。また裕福な家庭では、ザウアークラウトの間に牛肉、新鮮なあるいは塩漬けの豚足、あるいはその他の肉を挟んで積み重ね、ゆっくりと煮込み、肉の栄養と旨みをしみ込ませたこの上もない一品をこしらえます。

ザウアークラウトを樽に仕込む際に、ネズの実、キャラウェー、粒コショウを加えることがあります。しかしこれらの香辛料は、塩水の中に長く浸しておくとその本来の味を失ってしまいます。したがって、もし特に好みの味をお望みならば、調理ごとにその好みの香辛料を加えることをおすすめします。

6　ブラッシカ、オレラケア、カピタータ・ルブラ。

サヴォアキャベツ(7)

フランス南東部の地名サヴォアを冠するこのとびきり柔らかくおいしいキャベツは、アルプス山麓でもっとも好まれる野菜です。その地では、千切りにした葉をコメとともに煮込み、スープにします。これは、隣接するロンバルディアでもよくつくられます。サヴォアキャベツは、冬の間、腐った藁《わら》や堆肥《たいひ》に囲まれず、荒い天候にさらされて露地《ろじ》で育てられたものは、水に漬《つ》けることも、前もって湯がく必要もありません。ほこりを払い、さっと水洗いし、ブイヨン、あるいはバター、あるいは新鮮な肉の塊とともに、その独自の歯当たりが失われない程度に蒸します。しかし藁の中、あるいは堆肥をかぶせて育てられたものは、もちろん前もって約一時間流水に浸し、塩水で軽く湯がく必要があります。このサヴォアキャベツに似てとてもおいしく、同じように調理されるものに、ブリュッセルキャベツとも呼ばれる芽キャベツがあります。薄いブイヨンあるいは少量のバターで蒸した芽キャベツは、卵入り小型パンケーキの付け合わせにします。

私は、カトーが特にほめたたえたのは、このサヴォアキャベツであったと思います。彼は、そのキャベツの葉を酢で洗い、生で胃を丈夫にするサラダとして膳に載せています。この叙述は、まさにサヴォアキャベツの緑の変種にこそふさわしいと思われるのです。もちろん五十年前までは、コールラビ（カブカンラン）(8)の若芽も冬のサラダとして欠かせないものでした。

おそらくイタリア語のカウリ・ラーペからコールラビと呼ばれるようになったのであろうキャベツ種は、未成熟の状態で食せば、とてもおいしい野菜です。カブのように肥大した茎《くき》が、小さなリンゴくらいの大きさに育ったとき、収穫します。その茎塊だけでなく、その上の柔らかい茎もともに乱切りにして煮立て、それらが柔らかくなったなら、微塵切り、あるいは千切りにした緑色の葉を鍋に投じます。まさにこの煮過ぎず、といって生煮えでない新鮮な緑の葉が、料理に独特の味と見た目の美しさを与えるのです。

北ドイツでは、コールラビの評判はあまりよくありません。それは、球状の茎部が大きく育ち、硬く味が悪くなるまで市場に出さないというおかしな習慣があるからです。じじつ、大きく育ったコールラビは、スウェーデンカブや他の冬のカブに遅れを取り、もはや家畜の餌以外に使い道はないのです。

ジャコウキャベツ(9)はおいしい種ですが、栽培が難しく、ほとんど使われなくなりました。

北方の赤色および青色の冬キャベツに近いイタリアのクロキャベツ(10)は、キアンティー地方の乾いた丘陵地で広く栽培されているものには、信じがたいほど柔らかくおいしいものがあります。しかしフィレンツェやローマ近郷の水気の多い農地で育てられたものは、風味に欠け、つまらないものです。これは、塩水で茹で、水を切り、冷ましたあとオリーヴ油と酢で、あるいはドイツの赤キャベツと同じようにして、いただきます。

7　ブラッシカ・サバンダ—ヴィルジングキャベツ（チリメンタマナ）。
8　ブラッシカ・ナプス。
9　ブラッシカ・ペレグリナ、モスクム・オレンス。
10　カウリ・ネリ。

ドイツの赤キャベツ、あるいは青キャベツの癖の強い味も、茹で汁を完全に抜いて調理すれば、捨てたものではありません。この冬野菜は、土の匂いがつかぬよう注意深く収穫し、完全に水洗いしたのち、わずかな砂糖をバターで焦がした上に並べ、ゆっくりと、十分に柔らかくなるまで蒸します。焦げつきそうになれば、ときおり少量のバター、それに水あるいはブイヨンを、鍋の底に汁の溜まりができない程度に加えます。

サヤマメ

乾燥したマメの調理法については、すでに豆野菜および粥についての項で触れました。この第二の部類に属するのは、形を成す前の豆を含む、緑色のおいしい野菜としてのサヤマメです。

イタリアでは、ツルナシインゲンを非常に若いとき莢《さや》ごと収穫し、ただその尖った先端だけを折り取り、切り分けることなく調理します。これを硬めに茹で、ただオリーヴ油と酢をかけて、あるいは、ブイヨン、バター、獣脂、あるいはただオリーヴ油を加えて蒸して、いただきます。いずれの場合でも、たっぷりとコショウを利かせることが大切です。

ドイツでは、大きく生育しても柔らかさを保つナタマメが好まれます。これは、ただ古くからの習慣からか、あるいはこの野菜独特の癖のある味を消すためにか、調理する前に塩水で茹でます。たしかに、サヤマメには、特に生育が進んだナタマメには、ある種の不快な苦みがあります。しかしこの種の苦みは、沸騰する水をたった一度注ぎかけることで、消すことができます。

次に、サヤインゲンのドイツ式調理法をいくつかご紹介しましょう。いずれの場合も、莢《さや》をわずかに切り開いたものを使います。①サヤインゲンをブイヨンの中で十分柔らかくなるまで蒸し、これに少量のバター、コムギ粉、細かく刻んだパセリを加えます。②バターとともに蒸し、これに少量の酢、タラゴン、バジリコ、あるいはこれらに似た刺激の強い薬草を添えます。③最後に、甘いクリーム、少量のバター、コムギ粉などと和え、甘みをつけることもできます。

サラダマメとも呼ばれるシンジュマメもまた、同じように調理できます。ライン川下流地域では普通、ただ塩水で茹でたサラダマメを少量の卵、バター、コムギ粉を加えた酸味のあるクリームソースでいただきますが、これはなかなかのものです。

サヤマメは、冬用に漬け物にすることもできます。天日あるいは弱い火の上で乾燥させたサヤマメを漬ける前に水でもどします。それをそのまま、あるいはわずかに切り開いて、塩をふりながら樽《たる》あるいは陶器の器に詰め、いくらかの水を加えます。また若く柔らかいサヤインゲンは、さまざまな香辛料とともに煮たてた酢で漬けることもできます。この場合、チョウジの使い過ぎに注意し、むしろさまざまなコショウ類で辛みをつける方がよいでしょう。

アスパラガス、カリフラワー、早穫りのキュウリ、その他の肉厚の野菜のほとんどは、同じような方法で酢漬けにし、保存することができます。イタリアでは、ある種の肉厚の海藻《かいそう》(11)さえも同じ目的に使い

11　クリトムム、フォエニクルム・マリティムム・ミヌス（海ウイキョウ）。

ますし、じじつそれらは、蒸し物料理のおいしい付け合わせとなっています。

第十章　栄養はほとんどなく、香辛料として使われる野菜（第三部類）について

ニンニク、タマネギ、ネギ

タマネギもその一員に加えられるニンニクの仲間(1)は、人類史のもっとも古い記録にユダヤ人の好む香辛料として登場していること、しかもプリニウスによればエジプト人の間では神のように敬われていたこと、さらには今日においても、広い範囲でふだんに使われていることなどを考えれば、当然このクラスの筆頭《ひっとう》に挙げられるべきでしょう。

広く知られているニンニク(2)は、たくさん食べると息を臭くし、その繊維は消化が悪く、胸やけをおこさせます。ですが地中海沿岸の人びとにとっては、その液汁は熱冷ましの薬とさえみなされています。たしかにニンニクは、控え目に、しかも他のさまざまな芳香をもつ薬味と混ぜれば、脂身の多いこってりとした肉料理の香辛料としておおいに使えます。もちろん液汁と繊維を分け、きれい好きな諸国民が

1　アルリウム。
2　アルリウム・サティヴム。

です。

ニンニクを嫌う原因とする悪臭を放つおくびを生む後者の成分を料理から完全に除くことが必須《ひっす》の条件《じょうけん》です。

この繊維分の除去には、いろいろな方法があります。ソースをニンニクで風味づけるには、ソースをつくるキャセロール、平鍋あるいは他の器の内壁に、薄く切ったニンニクの小片をこすりつけるだけで十分です。豆を使ったイタリア風四旬節《しじゅんせつ》の精進料理《しょうじんりょうり》をニンニクで風味づけるときには、輪切りにし軽く焦がしたパンにニンニクをすりつけ、液汁をしみ込ませ、器の底に敷き、その上に熱いスープを注ぎます。あるいはまた、ニンニクを木製の擂り鉢《すりばち》でつぶし、その搾《しぼ》りとった液汁を強い酢と混ぜ、これにチョウジ、コショウ、ショウガを加え、瓶《びん》に移して固く栓をし、日の当たる場所に置き、必要に応じてスプーンですくい取り、スープなどの調味料として使います。

このように、他の香辛料とともに酢に漬けて保存する方法は、他のニンニク類にもそのまま使えます。というのは、気化しやすい香辛成分は、酢や食塩水に容易に移るからです。

冷たいパイをつくるとき私は、底にニンニクを敷き、その上に少量の生地を載せ、詰めものとの境をつくります。このようにすれば、少しばかり控え目になったニンニクの匂いは、静かに隠れてパイの味をいっそう引き立てます。焦げめをつけたまだ熱い輪切りのパンに新鮮なニンニクを軽く擦りつけ、風味あるオリーヴ油を注ぎ、たっぷり塩をふりかければ、匂いはともかく、とてもおいしいイタリアの田舎の朝食が出来上がります。

羊のモモ肉を多いめのニンニクとともに蒸すのは、多くの国でよく見かける料理です。

匂いはそれほど強くなく、より繊細な味をもつものに、ニンニクの小型の変種、いわゆるヒメニンニク(3)があります。球根（鱗茎《りんけい》）部だけでなく、種子もまた嗅覚を傷《いた》めることなく、冷たいパイの詰めものに、まったく問題なく使うことができます。

タマネギ(4)からは、本来のタマネギ種と、ニンニクに近いものが開発されています。

タマネギは、匂いも強くなく、柔らかい食感も心地よく、ニンニクより消化も良く、それゆえ添え野菜としては、ニンニクより多く使われています。

さまざまな土地で「シュトラスブルクのタマネギ」として知られている形の細長い変種は、特に早穫《はやと》りのものは、蒸し料理の添え物として重宝《ちょうほう》されています。洗ったものを軽く炙《あぶ》ったハムの薄切りの上に載せ、ブイヨンの中でゆっくりと、その可愛い形が崩れず、しかも芯までバターの柔らかさになるまで蒸します。これを火から外し、肉汁を完全に吸い込ませ、皿に蒸しものの周囲にきれいに盛り付けます。

「スペインタマネギ(5)」は、十分に成長したものを使い、その中心部をくりぬき、そこに好みに応じて調合した具材を詰め、浅めのキャセロールあるいは平鍋に、倒れないよう注意しながら並べます。つぎに器の底に指二本が隠れる程度にブイヨンを足し、焦げつかないよう気をつけます。柔らかくなったタマ

3　アルリウム・スコロドプラスム。
4　アルリウム・ケーパ。
5　ケーパ・ヴルガリス、フロリブス・エト・トゥニキス・プルプレスケンティブス。

ネギにブイヨンがほとんど吸い取られたら、鍋の底にバターを落とし、タマネギをわずかに焦がします。これを皿に盛り付け、酸味のあるブラウンソースをかけます。

白い小型のタマネギは、蒸してブラウンソースをかけ、蒸し料理の付け合わせにします。薄切りにし、軽く炙《あぶ》ったタマネギは、多くの料理の味を引き立てるために使います。微塵《みじん》切りにしたタマネギは、いろいろな詰めものの具材、ソース、それに他の野菜の添え物にもなります。たしかにタマネギは、多くの場面で役立つ香辛料です。しかしときには、これはと思われる使い方もされます。私はドイツの台所で、ホウレンソウを水で茹《ゆ》で、それを味も液汁もなくなるまで両手で絞り、これを生のタマネギとともに微塵に刻み、バターあるいはブイヨンであらためて煮つめめたものを見たことがあります。色だけがホウレンソウを思い出させる緑のタマネギのムース、こんな奇妙な料理がつくられているのです。

より繊細で広く知られたタマネギの一変種エシャロット(6)は、香辛料としては、一般のタマネギよりはすぐれているといえるでしょう。しかし付け合わせの温野菜とするには、風味が強すぎます。

アサツキ(7)は、さまざまな地方で、微塵切りあるいは小さくざく切りにして、生のまま料理に添える香辛料として愛されています。しかしこれをスープに入れるには、抵抗を感じます。たしかに風味ある生《なま》食用薬草と混ぜ、オリーヴ油と酢をかければ、何とかなるかもしれませんが、それでも特におすすめするものではないでしょう。

ポレあるいはリーキとも呼ばれる一般的なネギ(8)（いわゆる西洋ネギ）は、ニンニクやタマネギの仲間にかぞえられています。これは、他のスープ用薬味と混ぜると、ブイヨンに素晴らしい味をつけます。ただし、このネギの味が支配的になってはいけません。早穫りのもの、あるいは茎や頭花は、蒸しものに添えます。この料理は、ドイツでは歴史をもち、多くの地方で特定の日と結びつき、中でも北の地方では長い冬のあとで早春の野菜として探しもとめられます。

この食用とされるネギは、タマネギと同じように頭花をもつことからアタマネギ（コップラウフ）と呼ばれますが、この呼び名は、ラテン語のポルム（ネギ）に由来するポレよりも如何にもドイツ風の良いひびきをもちます。

ホウレンソウ(9)

この刺激が穏《おだ》やかで色の美しい薬草は、しばしば野菜として使われます。これは健康食材としての長所のほかに、酷寒《こくかん》や日照《ひで》りを避ければ四季をとおして栽培できるという特性をもっています。いくつかの地方では、ホウレンソウを水から茹で、その茹で汁を捨て、微塵に刻み、バターあるいはブ

6　ケーパ・アスカロニカ。
7　ケーパ・セクティリス、ユンキフォリオ—アルリウム・スコエノプラスム。
8　ポルム・サティヴム・コンムーネ・カピタトゥム。
9　スピナキア、オレラケア。スピナキア・グラブラ。これらからは、さらに多くの品種がつくられています。

イヨンとともに蒸し、温野菜として盛り付けるという、とんでもない乱用が行われています。しかもこれに、上で触れたように、まったく異なる味のタマネギを加え、水でといたコムギ粉、あるいはパン粉などでとろみをつけるというのです。これほど分別のない料理はありません。

ホウレンソウを微塵に刻んでおいしく食べるには、他の何百という薬草と同様、まず軽く茹でてから刻み、水あるいはできればブイヨンとともに弱火でゆっくりと時間をかけて蒸し、これにバターを加え、適量の塩をふります。コムギ粉やパン粉は、ホウレンソウから本来のみずみずしさやおいしさを奪ってしまいます。それでもこれらを加えることは、自称美食家には、微塵切りのタマネギを加えることよりは合うでしょう。

イタリア人は、芽を出したばかりのホウレンソウを柔らかいうちに丸ごと引き抜き、ただ外葉《そとば》と根のひげ糸を取り、根をつけたまま、切ることも刻むこともなく蒸します。じじつ、若いホウレンソウの根は、みずみずしい葉のおいしい甘みに、軽い風味の、贅沢《ぜいたく》に慣《な》れた舌にもすぐ気に入る苦味を含んでいます。

春の薬草類は、たしかに健康的ではあるのですが、ほとんどは、甘みに慣れた舌には不快に感じる荒々しい刺激の強いものです。しかしホウレンソウを加えれば、それらの刺激は穏やかになるものです。たとえば、春の薬草の代表ともいえるタンポポやクレソンには、かなりの割合でホウレンソウを加えることができます。しかしチャーヴィル（セルフィーユ）、パセリ、レタスなど風味の強い薬草の場合には、加えるホウレンソウの割合を控え目にするのがよいでしょう。これらはすべて、上で述べたように、微塵に刻んで蒸します。

ドイツのいくつかの地方では、復活祭の週間にハマアカザ、イラクサ、タンポポ、クレソン、キャラウェイなど、野にあるいろいろな薬草の若芽を採集し、微塵に刻み、またとなくおいしい、ホウレンソウのそれに似た温野菜をつくります。ザクセン地方では、この薬草料理をネーゲンシュェーネと呼んでいます。

フダンソウ(10)の一種は、その柔らかい葉が食用とされ、ホウレンソウと同じように調理できることから、栽培されています。その葉は、荒々しい気候の下でも柔らかく育つことから、広く「冬のホウレンソウ」と呼ばれています。あるいはまた、この植物がひとの訪れることの少ないスイスの山岳地帯、すなわちウルゼレン地方で多く栽培され、そこから全ヨーロッパに広められたことから、早くから「スイスフダンソウ」として知られています。

純粋なホウレンソウの液汁は、きれいな緑色をし、味も非常に穏やかなことから、繊細な料理やさまざまなソースに美しい緑色を着けるのに好んで使われます。たしかに、生のホウレンソウの絞り汁は、それでもって全体あるいは一部が着色される料理の味をほとんど変えることはありません。じじつホウレンソウの絞り汁は、冷たい薬草ソースにアクセントを与えるためによく使われます。

風味ある薬草の冷たいスープをつくるには、全体の二分の一のホウレンソウ、四分の一のエストラゴ

10　ベータ・ホルテンシス。アルバはスイスの変種。

ン、そして残りの四分の一は、スイバ、スベリヒユ、パセリ、チャーヴィルを用意します。これに小さなエシャロットならその一個、大きなものならその半分を加え、さらにバジリコ、マジョラム、タイムの葉を数片足します。これらすべてを細かくつぶし、木製の匙《さじ》ですくい取り、沸騰《ふっとう》する酢と混ぜて目の細かい篩《ふるい》を通し、清潔な陶製の器に入れます。この器を火にかけ、沸騰寸前に火から下ろし、すぐさま、緑色をより美しくするために塩とほんの少しの硝石を加え、濃度が均等になるよう入念に掻き混ぜながらゆっくりと冷まします。このソースを状況に応じて、オリーヴ油あるいは適量の卵黄、あるいはまた、白い、半分ゼリー状にしたブイヨンでとろみをつけます。

スイバ（スカンポ）(11)

スイバの葉は、ブイヨンの味を引き立てますし、またいろいろなソースの風味づけに、あるいは他の薬草と混ぜて温野菜に使います。冬と春にはその酸味は穏やかでさっぱりとし、それゆえこの季節には、その独特の酸味を茹でることで失わないよう気をつけねばなりません。夏の厚く硬くなった葉も、ドイツ人気質の気配りで注意深く茹でれば、十分料理に使えます。

味覚に対して確固たる自信のない人たちは、スイバ料理を砂糖で甘くしたりします。私は、スイバに砂糖を加えればその酸味を強め、砂糖を加えなければ、かえってその酸味が飛ぶと確信しています。

弱火で煮込んだスイバには、ブイヨンでといた卵黄でとろみをつけます。また、緑のスイバをつぶすように刻み、ブイヨンとともに煮つめれば色のきれいなスイバソースが出来上がります。柔らかい葉をブイヨンで煮込み、これを適当に薄め、ふたたび卵黄でとろみをつけてもかまいません。

エンダイヴ（キクチシャ）

チコリに似た二種類のエンダイヴ、すなわち広葉のもの(12)と縮れた葉のもの(13)が、生野菜あるいは温野菜として使われます。縮れた葉のものにくらべて一般によく見られる広葉のエンダイヴは、サラダ用としては硬く味も劣りますが、温野菜としてはすぐれています。摘み取った広葉のエンダイヴは、小さく刻み、少量のブイヨンで他になにも加えることなく、緑の色が失われないまでに煮込みます。煮過ぎると、色とともに味も駄目にしてしまいます。

このエンダイヴをより細かく刻み、たっぷりのブイヨンで、柔らかくなり過ぎないように煮込み、これに裏ごしした卵黄で手際よくとろみをつけます。このエンダイヴソースを、薄く切り、軽く焦がした白パンを並べたスープ皿に注ぎます。

エンダイヴは、非常に健康的な冬の野菜で、サラダとしてたびたび摂れば体液を浄化し、特に傷んだ歯ぐきを丈夫にするとのことです。

11　アケトーサ。多くの変種があります。リンネ、ルメクスを参照。
12　エンディヴィア・ヴルガリス。キコリウム・ラティフォリウム参照。
13　エンディヴィア・クリスパ。

縮れ葉のエンダイヴは、すでに触れたように、サラダにすれば広葉のものより柔らかくておいしく、身体にもよいといわれています。にもかかわらずドイツの料理女は、とどまることを知らない怠《なま》け癖《くせ》と陰険《いんけん》さで、この素晴らしい野菜を都会のほとんどの市場から追い出してしまいました。というのは彼女たちには、縮《ちぢ》れた葉を丹念に剥《は》がし、隠れた汚れや虫を探し出すのがおっくうだからというのです。この娘たちが一致団結したとき、縮れ葉のエンダイヴを市場に運んでいた野菜農家は顧客を失い、さらに摘み取りや洗浄など厄介な仕事を可愛い娘さんに任しきれない料理人自身も、この陰謀に力を貸したのでした。

レタス

サラダとは本来ひとつの薬草ではなく、ひとつの調理の名として使われるべきですが、食用になるさまざまな種類のレタスが(14)、ひとまとめにサラダと呼ばれています。

レタスの変種は実に多様なのですが、ドイツでは、全体でもごく限られた品種が栽培されているにすぎません。その中でも特に緑色あるいは多色のタマヂシャが好まれており、これは非常に若いときに摘み取り、サラダ用薬草とするのがもっとも一般的です。素晴らしいローマレタスは、ドイツでは見られないようです。

レタスのどの品種も、ホウレンソウと同じように温野菜として使われます。またホウレンソウと混ぜて、薬草スープの具材にもなります。しかしもっとも一般的なのは、他のサラダと同様に生のまま食卓に載せ、オリーヴ油、酢、塩で味つけします。

温野菜としては、どの品種のレタスも一様に沸騰する水に浸し、葉が凋《しぼ》んだところで取り出し、すぐさま水気を絞り出します。つづいて少量のバターの上に載せ、火にかけ、薄く茶色になるまで炒《いた》めます。この際、湿り気を保つ程度に、ときおり少量のブイヨンを加えます。掻き混ぜることなく、揺り動かし、ゆっくりと静かに炒めるのがコツです。

スープ用薬草

セロリ、それにスイバについてはすでに触れました。これらの他にも、パセリ(15)、チャーヴィル(16)、スベリヒユ、タラゴンもまた、薬味としてブイヨンに加えます。想像力のゆたかな料理人であれば、分量あるいは比率を正しくはかり、また状況に応じて変えることができるはずです。

パセリは、若い毒ニンジンと混同する危険を冒しながらも、大昔から変わらぬ名声を保ちつづけた最古の香辛薬草です。すでにアピキウスは、パセリをあらゆる刻み肉料理やソースに加えています。じじつパセリは、今日でもあらゆる肉料理に心地よいアクセントを与え、多くの野菜料理に使われています。

14　ラクトゥカ。
15　アピウム、ペテロセリヌム、ホルテンセ。
16　カエロフュルルム。

ただパセリを使う際には、長時間の加熱で香りと味を飛ばさないよう気をつける必要があります。何よりも、刻んだパセリの美しい緑が失せないことが大切です。そのためにも、訓練と経験で、無意識のうちに、この薬味を料理に添えるもっとも適した瞬間を身につけなければなりません。

もちろん同じことは、厳格にいえば他のすべての薬味についてもいえることです。ただタラゴンは、パセリにくらべればより長く熱に耐えることができます。

独特の強い香味をもち、それゆえ特別な料理にのみ適合する薬草

オレガノ（マジョラム）(17)とタイム(18)は、今日ではほとんど乾燥され粉末にされた状態で、ソーセージにのみ使われています。ですがほんの少量であれば、他の刻み肉料理にも素晴らしい風味を加えます。たとえば、子羊あるいは子山羊の刻み肉に、ほんの数枚の新鮮なオレガノの葉を加えれば、不快な脂臭さを消すことができます。

バジル(19)、特に葉の小さなものは、刺激がとても強く、薬味としてはただ少量を使用します。それゆえ、その強い風味が際立つことがないよう、それを中和する他のやさしい薬味と混ぜることが必要です。

アンゼリカ(20)は、厳格にいえば、ただ甘味とのみ相性がよく、砂糖に加えて良質の菓子をつくります。イタリアでは、生の葉を混ぜもの料理の上に置きます。

ニガヨモギ(21)、特にローマ産のものは、今日ではただ健胃剤《けんいざい》として火酒《ひざけ》に使われています。しかし古代の人は、この薬味のためにせっせと働いたそうです。実際のところ私は、この香味料がどんな料理に使

われたのか知りません。おそらくはシカ、あるいはイノシシの肉に合うのかもしれません。

ケーパー(22)は、ギリシアやイタリアのいたるところの壁際《かべぎわ》や岩陰《いわかげ》に生えるフウチョウソウ科の低木の実《み》や蕾《つぼみ》を使ったもので、主として酢漬けにします。この酢漬けを酸味のあるソースに加えたりしますが、生のままサラダに添えることもあります。

サフラン(23)は、香味料としてたわいのないものです。おそらく黄色の美しさゆえに多くの国で珍重されるのでしょうが、わずかに香りはするものの味はまったくおかしなものです。

レビスチクム（ロベッジ）は、アピキウス好みの香辛料でしょうが、今日ではただわずかに限られた地域でのみ、薬味として使われています。

ポモ・ドーロ（トマト）(24)は、南ヨーロッパでソースやスープの薬味として使われており、それらにさわ

17　オリガヌム、マヨラナ・ヴルガリス。
18　テュムス・ヴルガリス・エレクトゥス。
19　オキュムム、メディウム。
20　アンゲリカ・サティヴァ。
21　アブシュンティウム・ポンティクム。
22　カッパリス・スピノーサ。
23　クロクス・サティヴスが本来の原料ですが、カルタムス・ティンクトリウスに代用されることもあります。
24　リコペルシコン（リンネはソラヌム）・エスクレントゥム。

やかな酸味と美しい朱色を与えています。大量に摂れば、血を濃くするそうです。ドイツでは、この風味ある果物は栽培されておらず、私も見たことがありません。

ミント（ハッカ）(25)もまた、アピキウスのお気に入りの薬味で、くりかえし言及していますが、今日の私たちには、それほどのものでもなく、ただ火酒《ひざけ》にのみ使われています。しかしある種のミント(26)は堆肥の上で育てられ、非常に若い芽がサラダに添えられることもあります。その他にも、お気に召せば、葉をホウレンソウに混ぜることもできます。

ローズマリーは、南ヨーロッパではいろいろなソースに使います。またドイツのあちこちで、ヨモギの若枝をそうするように、鳥肉に刺しこんだりします。

セージ(27)は、ローズマリーとはくらべものにならないほど、いろいろな焼き肉に合います。普通の、あるいはローマ産のセージの枝を小さな鳥と交互に串に刺せば、焼けた小鳥に素晴らしい風味を与えます。またぶつ切りにしたウナギと交互に刺して焼いてもよいでしょう。セージを獣脂の中で焦がしたものは、さまざまな焼き菓子に添えられます。

北ドイツには、「ウナギスープ」、あるいは「四季鍋」、「四大鍋」とも呼ばれる一風変わった鍋料理がありますが、これなどは、薬味としてのセージがなければ到底食欲がわくものではないでしょう。この途方もないごった煮料理には、ひと癖《くせ》ある香味料が欠かせないのでしょう。

ヘンルーダ（ウンコウ）(28)は、強い香りの薬草で、春の若芽をホウレンソウとともに薬草スープ、あるいは冷たいあるいは暖かい薬草ソースに使うこともありますが、よほどの愛好家でなければ避けた方が無難でしょう。ヘンルーダを単独で、あるいは他の薬草と混ぜて、バターを塗ったパンの上に載せれば、血液をきれいにする朝食になります。若い芽を他の薬草とともに、サラダに使うこともあります。

ライラック（リラ）(29)の花は、よく知られているように発汗を促す効能があり、ある人たちは、これを甘い料理に合わせます。しかしその結果、甘みは気の抜けたものとなり、ただ不快な苦みが残るだけです。

ヨモギは、人家の近くによく見かける植物ですが、南部ドイツでは、ガチョウやカモを蒸したりオーブンで焼いたりするとき、その若芽を詰めることがあります。

低地ドイツでは、ソラマメにソラマメソウ（シソ科の植物）と呼ばれる特別な薬草を添えます。

ディル(30)は、ほとんどキュウリの漬物だけに使われます。

ノウゼンハレン（キンレイカ）は、酢漬けにし、ケーパーと同じように使います。

これらのほかにも、いくらか風味があり、薬味として使われる野草もありますが、あまり重要とは思われませんので、この項はここで終わります。

25　メンタ。
26　グラブラおよびカンディカンス。
27　サルヴィア。
28　ルータ、ホルテンシス。
29　サンブクス、ニグラ。
30　アネトゥム。

やさしいサラダ用薬草

エンダイヴや数多いレタスの変種は、生で、酢とオリーヴ油をかけていただきますが、これらはただおいしいだけでなく、健康にも非常によいのです。

スープ用薬草の中でもタラゴンやスベリヒユは、より穏やかな薬草と混ぜれば、サラダ用としても使えます。ノウゼンハレンの風味ある蕾《つぼみ》も、ミックスサラダの味を引き立てます。

小さなコショウソウ(31)は、早穫《はやど》りの柔らかいレタスと混ぜれば、素晴らしい春のサラダになります。

クレソン(32)は、すでにホウレンソウに似た野菜として触れましたが、これも健康によいサラダになります。

ノヂシャ（ラプンツェル(33)）は、塊根とともに抜き取り、硬い外の葉を除けば、葉と根はおいしいサラダになります。

トモシリソウ(34)は、冬の間も雪の下で育ち、新鮮な野菜の少ない季節の貴重なサラダ用薬草ですが、苦みの強いのが難点です。薄切りにしたビートと混ぜれば、おいしくいただけます。

フェンネル（ウイキョウ）のある変種の花をイタリアでは、サラダにしたり、あるいはデザートにします。

ミツバソウ(35)は、その葉をミックスサラダの一員にします。

ボリジ（ルリジサ(36)）は、小さく刻み、酢とオリーヴ油をかけ、煮物に添えます。

タンポポや庭や野のさまざまな薬草の若芽は、特に春を迎えるころ、食用として愛されます。

熱を通した、あるいは生の、あるいは漬け物にした野菜や薬草を使っての、ときにはこれらに肉や魚を加えて、私たちは自分好みのもっとも適したサラダをつくることができます。ご承知のようにここドイツでも、イタリア風サラダ、ニシンあるいはイワシサラダ、何でも可能なのです。

キノコ類

食用キノコについて語るならば、当然トリュフを一番に取り上げるべきでしょう。だれも、トリュフが豪華な食卓の最高の華《はな》であることに異存《いぞん》はないはずです。といっても、トリュフならばどれもが、同じように芳香を放ち、おいしいわけではありません。ペルゴール地方やトレントに向って流れるアディジェ川上流地方産のものが、もっともおいしいといわれています。また完全に熟したものが最高ですが、それを超えると駄目になります。腐りかけたトリュフは、健康にもよくないし、捨てるしかありません。トリュフは、ワインを煮え立たせ、その中で泥を取り除きます。皮を剥く人もいますが、もっともお

31　エリュシムム・ヴェルヌム。
32　ナストゥルティウム・アクヴァティクム・マユス・エト・アマルム（カルダミネ）。
33　カンパヌラ、ラディケ・エスクレンタ、ラプンクルス。
34　コクレアリア、オフィキナリス。
35　ポテリウム、ピンピネルラ・サングイソルバ。
36　ボラゴ・オフィキナリス。

いしいのは、木質の皮の部分だともいわれます。

トリュフは、ワインとブイヨンを混ぜたものに粒コショウを加えて茹で、不純物を振り落としてすくい取り、布の上に置き、新鮮なバターを添えて前菜とします。

イタリア風では、ごく薄く削ったものを適量のオリーヴ油、塩、コショウとともに皿に載せ、熱くし、最後にレモンの搾り汁をかけます。さらにパルメザンチーズを散らしてもよいでしょう。あるいは、薄く切り軽く焦がしたパンに載せてもいいでしょう。

トリュフを香味料として、ソースに加えたり、パイに入れたり、肉を焼くときの詰めものにすることは、いかなる文明国でも知られていることです。というのは、ともに食事をすることがひとの心の動きに決定的な影響を及ぼすことに気づいて以来、公の談判にしばしば豪華な食事が大きな役割を果たしてきたからです〔たとえばウィーン会議、一八一四〕。もはや主人に誠実に仕えるだけでは真の使節とはいえず、珍味佳肴こそが、外交の真の武器とされたのです。しかし残念なことにその結果、この自然のあやしげな形成物は高価なものとなり、料理術の妙味や美しさをひそかに愛する人たちからは、その楽しみを奪ってしまったのです。

朽木に生えるという小さなキノコ、プルンジョリを私は、ただイタリアだけで見かけました。このキノコは、香りがよく、風味でもトリュフに劣らないのですが、すぐにしなびてしまいます。あらゆる細切りの肉料理と合い、薄く切って軽く焦がしたパンに載せていただきます。

一般に人工の床で育てられますが、馬の放牧場にも生えるシャンピニオン（マッシュルーム）は、ドイツで食されるキノコの中で最も柔らかな肉と、もっとも芳醇な風味を備えています。特にイギリス人の間では古くなったこのキノコから、ドイツの料理本で誤ってインドのソーヤと呼ばれている、非常に刺激の強い発酵液体調味料がつくられています。

他にも食用になるキノコは、数も多く種類も多様です。しかし見まちがえることも多く、食用でなく、似た有毒のものを採取することもあります。

キノコについては、すぐれた専門書がたくさんあり、家婦や料理人諸氏は、いくらでも知識を得ることができます。それでも自然は気ままなもので、見た目に同じでも、あるものは取り返しのつかない猛毒を、あるものはうっとりとする風味をもつのです。その判別には、タマネギや銀の匙《さじ》を使うことなどが提案されています。匂いで区別できると信じているひともいます。ですが、命を大切にするひとは、まちがっても野のキノコに近づかないことです。

第十一章　乾燥した状態で香辛料とされる木の実、皮、根、葉、および発酵液体調味料について

ヨーロッパで採れるこの種の香辛料としては、まずマジョラムとタイムが挙げられるでしょう。両者の乾燥し、粉末にした葉は、他の葉物《はもの》香辛料と混ぜて使うことができます。つづいて実《み》が香辛料となるキャラウェイ(1)（マルタ産のものが良質とされる）、コリアンダー(2)、そして南ヨーロッパで未熟の状態で採取されるアニス(3)。これらはみな、ドイツでもお馴染《なじ》みのものです。苦みのあるキャラウェイの実は、ネズの実と同じように、こってりとした深みのある味をめざす料理に使います。同じ目的からキャラウェイは、茹でたザリガニの味付けにも適しています。それに対してネズの実は、小さな渡り鳥のサルミに合います。

新鮮なものを乾燥させた月桂樹《げっけいじゅ》の葉は、香辛料として太古から使われており、また古代の人は、今日にはすっかり忘れられてしまったギンバイカ（ミルテ）の実も使いました。カラシ(4)についてはあまりにも知られており、改めて触れる必要もないでしょう。

ヨーロッパ以外、特に熱帯産の香辛料は、限りがありません。その中では、コショウがもっとも広く知られています。台所に立つ女性なら、コショウには黒と白があり、その味はほとんど変わらないこと

を知っているでしょう。

長角果《ちょうかくか》の一種であるスペインコショウ（トウガラシ）(5)は、コショウに似ていますが、その身体をひりひりさせ暖める作用は、他のいかなる香辛料をも超えます。この一変種に、近年人気をあつめ、広く使われているカイエンヌコショウ(6)があります。カイエンヌは南米ギアナの首都の名で、かつてはその湿地帯において蒸し暑さで弱った胃の消化を助ける緊急の薬草として広く使われていたものでした。しかし何といっても、両インド〔アメリカとインド〕の生活習慣をヨーロッパに持ち込んだのは航海を生業《なりわい》とする民族の愚行《ぐこう》でした。そのせいでイギリスや大陸のいくつかの港町は、大量の結核《けっかく》や肝臓病《かんぞうびょう》患者を毎年南部ヨーロッパに送り込み、今日のイギリスの医者は、彼らの結核患者のためにできるだけよい死に場所を見つけてやることに躍起《やっき》になっているのです。

ヨーロッパの一部の地域では、スペインコショウの比較的刺激の弱い一変種が栽培されており、これはまだ青いうちに収穫され、さまざまな漬物の味付けに使われています。たとえば酢漬けのキュウリで

1　クミヌム。
2　コリアンドルム・サティヴム。
3　アネトゥム・ヴルガレ。フィノッキオ・ドルチェ。
4　シナピス、ニグラ。
5　カプシクム。
6　カプシクム・ミニムム。

は、このまだ青い莢を少量加えるだけで、けっして血行に悪く影響することなく、おいしい味を与えます。しかしイタリアやイギリスで広く行われているように、このトウガラシを酢とともに壺《つぼ》一杯に漬けこみ、そこから二、三個を取り出しブイヨンの付け合わせにすることが、身体によいわけがありません。

イタリア人の中には、ワインをこのトウガラシで変造しているものもいると聞きました。

ショウガ(7)は、同じく非常に刺激の強いものです。人間の無節操《むせっそう》さは歴史学者にとっての永遠の謎のひとつですが、それによってショウガは、今日ほとんど使われなくなりました。私とて、ショウガが料理術に中でいかなる位置を占めるべきか、正しく提示することはできません。ただ私は、たとえばガチョウレバーのパイなどで、いくらか刺激の穏やかなカルダモンを使うにすぎません。東インド〔東南アジア〕では、新鮮なショウガを使って、飲茶《やむちゃ》を促すおいしい評判の菓子をつくるそうです。

チョウジ〔クローヴ〕は、コショウよりも刺激は弱く、甘味さえあります。それゆえ使い方を間違えるおそれもありますが、料理を選び、注意深く、他のものとうまく合わせれば、とても心地よい風味を生みます。

オールスパイス〔ジャマイカペッパー〕は甘味が少なく、それゆえその使いみちは、チョウジよりも広いといえます。

シナモン(8)やヴァニラは、オレンジやレモンの皮と同じように、甘い料理によく合います。ところでドイツ人では、塩辛い、あるいは酸っぱい、あるいはこってりとした料理のいずれにもレモンの皮を使いますが、ちょっと度が過ぎるのではないでしょうか。シナモンはまた、ピラフ、ポレンタ、ジュリエンヌなど、塩を利かせた料理に心地よいアクセントを与えます。

ピスタチオ、マツ、アーモンドの実は、だんだんとヨーロッパの台所から姿を消して行くようです。これらは、甘い料理では胃に重く、消化にもよくないことから避けられ、クリームやゼリー料理では、味や色付けの役割を他の果物にとって代わられました。多くのひとは、これらの種から採った油を不味《まず》いとして、心底《しんそこ》から嫌っています。タマリンドは、オリエントでは使われますが、ヨーロッパでは用いられることはありません。

イギリス人によるインドの征服は、イギリスにさまざまなインド料理とともに、ありとあらゆる刺激の強い香辛料を持ち込みました。その中には、ヨーロッパの美食家たちの間でソーヤと呼ばれている、さまざまな海産物を材料にした、濃厚な発酵液体調味料もありました。ただ中国や日本のソーヤには、麦芽を発酵させたものもあります。これらについては、ベックマン氏の研究が多くを教えてくれます。

トンキンでは、ザリガニと小魚を石製の壺に入れ、ゆるく塩をふり、しっかりと蓋をし、ドロドロになるまで放置します。この悪臭を放つ液体は、味はよく、インド化したヨーロッパ人には、彼らのソーヤの基材として使われています。

バタヴィアやケープタウンでは、フォルスター氏によれば、モルッカから来たマレー人は、氏の知ら

7　アモムム・ツィンギベル。

8　カリュオヒュルルス・アロマティクス。

ない種の小魚を塩に漬け、ドロドロに掻き混ぜ、彼らのあらゆる食べ物の調味料として使うとのことです。彼らがアジャルと呼ぶこの液体調味料には、香辛料、そしておそらくニンニクも入っているはずです。

東インド、特にアンボイナ島では、ニッコウガイ(9)を使って、有名な発酵液体調味料バカッサンがつくられています。この調味料のつくり方について詳しく報告するランフィアス氏によると、これには白いのと黒いのがあり、後者は黒色の獣脂に香辛料、前者は肉本体に酢と大量の香辛料を加えているとのことです(10)。イギリス人が、このうちのどちらを好んで持ち込んだのか、私は知りません。多くのひとは、塩を利かせたマッシュルームと香辛料からつくられるケチャップを、この東インドのソーヤと混同しているようです。

これら発酵液体調味料は、間違いなく東インドにその起源をもつのでしょう。これに多くの点で似るギリシア人やローマ人のガルムあるいはリクヴァメンは、インドのソーヤを手本にしたものと思われます。私たちが私たち自身のソーヤを、ガーデス海峡のローマ人のように、あのおいしいガルム・ソキオルムを私たちの手でつくることができたら、何と素晴らしいことでしょう。ただこれを妨げているのは、何事にもせわしい今日のちぢこまった怠け心です。本当のところ、もし企業心に燃えるイギリス人が、ソーヤの中でももっとも素晴らしいあの調味料の組成を再び発見したなら、何のためにジブラルタルがイギリス人に占拠され、エリオットが輝かしくも守り抜いたのか、秘密は公にされ、この世界史の謎も明らかにされるでしょう。というのは、倹《つま》しく、企業心に欠けるスペイン人が、たとえあらゆる料理の中のもっとも小さいことに関してでも、美味の世界をゆたかにすることなど考えられないからです。

9　テルリナ・ガルム。
10　『アンボイナの植物』、アムステルダム、一七四一－五〇。

第十二章　砂糖、果物、その他の甘味について

おそらくこの章は、キビサトウ（サッカロース）の起源と現況からはじめられるべきでしょう。しかしまさにこのことに関しては、まぎれもないスウェーデン人として、その内容ゆたかな著作の半分をキビサトウについての考察で埋めたベンクト・ベルギウス氏に、席を譲らねばならないでしょう。(1)彼がまったく知らなかった代用品（テンサイトウ）についても、諸大陸間の世界史的関係はともかく、その料理との関係にあっては、ひとこと触れるべきかもしれません。ただ料理では、単純に甘いキビサトウにくらべて使われることの少ない蜂蜜《はちみつ》は、近年、あまりにもないがしろにされています。その風味も備えた複雑な甘みは、南国の山岳で採れる高貴な蜂蜜にあっては、うっとりするような味と、たとえばシエナの有名なコショウパンのような絶妙な混ぜ合わせにあっては、もっとも純粋なキビサトウよりもはるかにすぐれています。それにしても、北国の家庭で蜂蜜酒の製造がまったく見られなくなったのは、残念なことです。この種の飲み物は、頻繁な使用が歯を弱め、消化を悪くする、いや、神経組織を根底から揺るがす人工酒〔リキュール〕にはるかにまさるからです。

たしかにキビサトウは、ねばねばした蜂蜜にくらべれば、あらゆる種類の穀物料理、クリーム、泡立

てた卵白を使った料理によく合います。私たちは、料理術のこの分野に関してローマ人やギリシア人よりも恵まれているのです。

砂糖は蜂蜜よりも、あらゆる種類の果物の酸味とも合います。それゆえ私たちは、古代人よりもはるかにすぐれた果物の砂糖漬けをつくることができるのです。

長く保存するための果物の加工は、多種多様な甘味食料をつくり出す菓子製造業者の仕事となっています。しかしその業界について触れることは、私の範囲を超えます。

ただいえることは、長期保存用の果物は、晴れた日に収穫しなければならないこと、オーブンで乾燥させるあるいは砂糖で煮つめる硬いナシ、リンゴなどの有芯《ゆうしん》果物は、前もって柔らかくし、食べやすくしておくことです。

南の国では、干して乾かすという保存法がかつては広く行われていました。このようにして人びとは、それぞれの生産現場でもっともおいしく完熟させた果物を互いに交換していたのです。グスマンの物語の中には、これに関する非常に興味深い一覧表があります。(2) この分野では、今日ではフランス人がもっ

1　『甘いものについて』、スウェーデン語からの翻訳、ハレ、一七九二。〔テンサイによる製糖は、当時ドイツではほとんど知られていなかった。その後栽培は一挙に増え、テンサイトウの生産量は、一八三五年には一，四〇〇トンであったが、一九一〇年には二五，〇〇〇，〇〇〇トンに達したという〕

2　スペインの小説家マテオ・アレマン〔一五四七－一六一六〕の作『ピカロ、グスマン・デ・アルファラーチェの生涯』、ミラノ、一六〇三、二巻七章、五五九頁。

ともすぐれた成果を挙げています。もちろんハバナからの乾燥果物や果物ゼリーは、相変《あいか》わらず最高の質を誇っています。

第十三章　料理人のしつけについて

料理人を育てることは、この書が十分に明らかにしたように、料理の術そのものに関していえばまったく難しいことではありません。その基本となる考えは、それぞれの食材から、それらがもつ自然の性質にもっとも相応《ふさわ》しいものを引き出すことです。これほど易《やさ》しいことはありません。料理術では、わずかな経験でひとつのことを次のことに結びつけることができるのです。これほどの内容が近似し継続する芸術分野は、他にはありません。もし難しいと思うひとがいるとすれば、それは、料理術そのものにではなく、学びとろうとするその人の能力、いやむしろ無能力にあるのです。

料理術に身をささげようとする若者が、いつまでも変わることなく、この芸術に真の関心と愛を抱きつづけるとは限りません。むしろ彼らは、何よりも先に愛するパンのことを考えます。それ自体はとてもよいことなのです。しかし彼らは、まず技術を身につけねばならないのです。技を学べばそれは、樹が果実をならせるように、パンを生むのです。物事への真の関心を抱くことなく、満足に至ることはないのです。

他方、師匠への奴隷的な崇敬をたたき込まれた者は、もはやとうの昔に時代遅れとなった料理法の無駄なこだわりにとらわれ、みずからの試行錯誤《しこうさくご》によるあらゆる有望な分別、あらゆる発展から自分を閉ざしてしまうのです。じじつ私は、若い料理人が数日かけて塩を見事な手つきでふりかける技を習っているのを見かけたことがあります。しかし私は、その結果彼が、煮ものの塩加減をうまくできたかどうか、疑わしく思うのです。

そして最後にくるのが、今日の紛《まが》う方《かた》ないもやしっ子です。よわよわしく、出しゃばりで、知ったかぶりの小利口《こりこう》な輩《やから》です。どうしようもない人種です。私には、元気よく皿や鍋を洗い、ホウレンソウを選《え》りわけ、そのほか必要な基本をけんめいに習う年齢期がありました。今日、料理見習いにはもはやそのような年齢期はありません。清潔と整理を身にしみこませることなく、真剣に見つめ、耳を傾け、基本を正しく身につけることなく、今の見習いの若者は、すでに師の先回りをして、職人の技に手を出しているのです。こんなことは、たとえ天はひっくり返り、時間が逆戻りしても、許せることではありません。

料理女たちには、教養のあらゆる基本が欠けています。化粧や流行に身を焦がし、ありとあらゆる愚《ぐ》行《こう》に夢中《むちゅう》になる彼女たちの中に、理性的な分別など生まれるわけがありません。だれもが、いやいやながら仕事をしているのです。それでいっそう我がままになり、何をいっても、慣れた生き方から出ようとはしないのです。私は何百回となくドイツの台所女たちをよりよい道に導こうと試みましたが、無駄でした。何か忠告することはないか、手本を示すことはないかと朝方私がのぞいた台所は、まさに洗濯《せんたく》場《ば》でした。こちらでは青物をつめこんだ鉢が水に浮かび、あちらでは将来のサラダがあふれ出ており、こちらではスープ用の肉が、あちらでは焼かれる肉や魚が、冷たい、いやときには生ぬるい水に漬かっていました。しかしここでも私は、男女を問わないドイツ人の杓子定規《しゃくしじょうぎ》の力には驚きます。昔からのドイツ式やり方にしがみついているのです。しかしある点で彼女たちは、必ずしもすべてのしきたりに従う必要はないと信じています。残念なことに、買い物の際のちょろまかしが日常茶飯《にちじょうさはん》なのです。これは、蓄《たくわ》えを考えるにはあまりにも怠惰《たいだ》、無知、甘えで、それゆえ日常の買い物をすべて、小賢《こざか》しい料理女たちに任せざるを得なくなった家婦たちの責任でもあるのです。また世の中のあまりの無秩序から、市民階級の間ではかえって大変なしみったれがはびこり、その結果、ドイツの都市における小女たちの絶えることのない民族移動の原因となるあの慇懃《いんぎん》な場面や家庭内のいさかいが生じるのです。

　このようなおぞましい状況の反対に、諦観《ていかん》することを知った平和な家庭の微笑《ほほえ》ましい光景もあるのではないでしょうか。私には、そして願わくはこのページを読んで下さっている貴方にも、すぐれた料理女や立派な家婦たちの姿も見えるのです。料理女たちにその働きに応じた賃金を払い、彼女たちをけっして気まぐれでなく、より公平に扱おうとつとめるならば、きっとすぐれた料理女たちにまだまだめぐりあえるはずです。しかし、これまで何度も登場していただいたルンポルト(1)氏の訓戒《くんかい》にしたがう雇い主は、まだ少ないようです。彼はいいます。「上に立つ者は、下の者に何かを命じようとするときには、彼らと親しく穏やかに接しなければなりません。命令や指示は、尊大《そんだい》でも威張《いば》ったものでもない、気取《きど》っ

1　M・マルクセン・ルンポルト〔マインツの選帝侯のお抱え料理人〕『新しい料理書』一五八一。

た不遜《ふそん》なものでもない、ゆっくりとした語り口で、穏やかに、やさしく、友好的に、控《ひか》えめになされなければなりません。ガミガミと叱りつけることなど、もってのほかです。家庭内の指図、教示、注文は、固い命令というよりはむしろ親しみのある頼み、望みと受け取られるでしょう。早口で騒がしい喚き声あるいは猫なで声では得ることが少なく、かえって奉公人は頭を混乱させ、いっそう強情《ごうじょう》になり、腹を立てるだけです」と。

料理術に身をささげようとする者は、早くに整理整頓、清潔、正確を習慣として、しっかりと身につけなければなりません。小説を読むことは禁じるのです。精神を鍛えるために、自然科学、歴史、数学を学ぶことです。分別の力を鍛え、記憶力を高め、そして料理術に役に立つ知識へと導くのです。そういう若者は、私の本を読み、私の本以外は何も読んではいけません。

第三巻

食事について

第一章　食事の心得について

これまで、食材の調理についてその原則に立ち返り、その原則の応用を例を挙げて説明してきました。しかしそれだけでは十分ではありません。むしろ健康に生きる喜びを強め、それを維持することが料理術の最高の目的ならば、これまでの話は、ただその達成にはほど遠い備えにすぎません。料理術の最大の目的、それは、人間としての分別をもって食事をすること、ただそれによってのみ達せられるのです。人間らしく食事をすることは、だれにもそなわる自然が与えた術と思われがちですが、実際は、考える以上に偉大な芸術であり、高度な教養が前提とされるのです。

たとえばあなたは、世界の果ての野蛮人と、あるいは、よくあることですが、子供たちを野獣のように育てた父親と同じ食卓に着いたと想像してみてください。あなたはきっと、人間にとって清潔に、控え目に、静かに食事をすることがどんな意味をもつか、身をもって知らされることになるでしょう。これは、社交的な食事だけでなく、食事をする人間すべての健康にとって、大いに考えるべきことなのです。

いわゆる礼儀作法がまだまったく無視されていない国民の間で、最近、食事の心得を教えるのに、三つの異なる手段が相次いでなされました。そのうちすべてに先行したのが、昔風の家長的な躾《しつけ》でした。これは、けっしてすぐれた点がないわけではないのですが、ただ、ときには自然に則した発育を阻害し、自然に人工の枠を押しつける欠点をもっていました。その時代に生き、それを具体的に記憶していたある銅版画家が、この私の本に添えるべき挿絵の一葉に、そのような古風な家庭の様子を描こうとしました(1)。そこでは、家婦である令夫人が発言の主導権を執《と》って口を開き、ただちに家父が身振りと目つきで、妻の有無をいわせぬ断定を支持しています。そしておませな子供たちの不作法は、食卓の下に隠されています。召使いたちも、当然でしょうが、びくびくしています。このような家庭では、たしかに食器を割るとか、指を切るとか、唇を焦がすとかの不祥事は起こりません。しかし食べものは、あたかも太鼓の合図にしたがって並べられ、切り分けられ、口に運ばれるかのようです。これは、けっして真の、自然から生まれ、自然にかえる教育の手段ではありません。たとえば、令夫人が舌を、主人が右腕を怪我したら、あの素晴らしい秩序は霧散《むさん》してしまいます。子供たちや召使いたちは、親戚や隣人がこの見捨てられた家庭を監督しない限り、おそらく原始のままの自然状態にもどってしまうことでしょう。

もちろん時代精神の影響によって、このような堅苦しい躾の手段は、この数十年の間に次第に消えて行きました。そして次にやってきたのが、すべての事柄はひとつの極端から他の極端に揺れるという原理を示すものでした。それまでの子供という種族を圧迫し、制限し、縛りつけたのとは真反対に、彼らをすっかり解放する方向に向かったのです。たしかに子供たちの権利を認めることは、美しい人間性のあらわれです。法律にも、束縛からの解放以上に大切な目的はないからです。しかしその際忘れてならないことは、それだけいっそう彼らの義務についても諄々《じゅんじゅん》と説き聞かせることです。

食事の際に男の子がなすべきことについて、ある古い本は次のように述べています。(2) たとえば、

男の子は、如何にテーブルに着き、如何に食事を整えるべきか

「テーブルに着く前に、すべて、すなわち水、ワイン、ビールを用意し、コップを洗い、汚れをとり、テーブルクロスを敷き、同様にナイフ、塩壜、皿、フォークをそれぞれの場所に置き、万が一パンに焦げめ、灰、炭あるいは何かの汚れがあれば、きれいに切り取り、皿に盛り分けること。

「食事がおわれば、同じようにまず皿からはじめて、順序正しくテーブルを片付け、最後にテーブルクロスを振っていつもの籠に入れる。もし何か残っていれば、拾い集め、外の人間か家畜に与え、けっして捨てないこと。

「客が席に着く前に、手を合わせ、ゆっくりと、はっきりした声で『ベネディチーテ』(ルーテルの教理《きょうり》問答《もんどう》が美しくうたう感謝の詩)を天なる父に語りかけること。」

1　これら銅版画は、酸での腐食に失敗し、画家の願いを入れてすべて掲載を断念しました。〔ただし、ここで叙述されている場面は、戯画された一葉の習作ペン画に見ることができます。巻末の図8参照。〕

2　クルストフォルム・アカティウム・ハゲリウム『若者典範』、ハンブルク、一六四三。

男の子は、給仕のとき如何に振る舞うべきか

「背筋を伸ばし、両足をそろえて立ち、入念に目を配り、何か足りないものはないか、パン、皿、スプーン、塩などはそろっているかたしかめること。ワインを注ぐ、何かを手渡すあるいはテーブルに運ぶときは、こぼさないように分別をもって、控え目にゆっくりと行うこと。

「会話中のひとに話しかけない。口の動きで言葉を読み取ろうとしてはいけない。知らなければ問題を起こすことはないのだから。ただ己《おのれ》のなすべきことのみに注意し、命じられたことを行い、それ以外のことには関わらないこと。

「聞かれたら、短く答えよ。夜には、ランプをきれいに磨き、芯の匂いで客の気分を害すことのないよう、また油が尽きることのないよう、心がけよ。客がとっておいたもの、残したものをつまんだり、ポケットにしまったりしないこと。美食研究家のある者は、残りものを庭に撒くことをすすめるが、それを真似てはいけない。それらは腐り、けっきょく花や実を悪くするから。

「食事がおわり、すべてが片付けられたら、感謝の祈りを忘れないこと。」

男の子は、席に着いたら如何に振る舞うべきか

「食卓では、作法の順序に正しく従うこと。ビロードの縁取りのような爪は、席に着く前に切りそろえる。手を洗い、慎み深く腰をおろしなさい。背筋を伸ばし、誰よりも先に皿に手をつけることなく、みなが取りおわったら、最後に手を出しなさい。誰よりも先に飲んではいけません。スープを豚のように

音を立ててすすってはいけません。食べものを吹いて、あたりに散らしてはいけません。ハリネズミのように鼻を鳴らしてはいけません。節度を守り、酔いを避けること。必要だけ食し、飲むこと。度を越せば病を得ます。

「手をいつまでも皿の上に置かないこと。織物工のように、テーブルの下で足をぶらぶらさせないこと。

「飲んだあと、口は手ではなく、ハンカチで拭うこと。食べものを口に入れたまま飲まないこと。一度口に入れたものは器に戻さないこと。指を舐《な》めないこと。骨付き肉はかじることなく、肉を欲しいだけナイフで切り取ること。

「歯は、ナイフでなく、備え付けの楊枝あるいは羽の茎でつつくこと。ナイフは、水の中の鉄のように、歯を錆びさせるから。そしてこの動作の際には、必ず片方の手を口の前に添えること。パンを胸の前でちぎってはいけません。まず目の前のものを食べ、遠くの皿に手を伸ばしてはいけません。欲しいものを取るために、皿を手渡しでまわしてはいけません。

「肉あるいは魚を取るときはナイフを使い、今日いくつかの地方で普通にされているように、指でつかんではいけません。

「イノシシのように、食べものに鼻を近づけてはいけません。食事中に頭を掻いてはいけません。また鼻をこすってもいけません。

「たびたびくしゃみをしたり、鼻をかんだり、咳をすることも礼儀に反します。

「タマゴは、大き過ぎず長過ぎずに切り取ったパンにのせ、したたり落とさず、急いで口に入れます。

殻は砕くことなく器に戻し、この間は何も飲んではいけません。「テーブルクロスや衣服を汚さないこと。盗掘人《とうくつ》のように、皿のまわりに骨、パンの皮を散らさないこと。

「骨をテーブルの下に投げないこと。犬が喧嘩をはじめ、会席者が迷惑します。食べおわったら、手と顔を洗い、口をすすぎ、父なる神に感謝をします。」

以上引用した若者への注文の中には、文句なく正当なものもあり、近年、歪んだ慣習の鉄のくびきがはずされたときにも、そのいくつかは残されるべきでした。たしかに若者を頑固な鋳型に嵌めこむことはなんの益にもなりません。だからといって、人間にふさわしい分別のある規律や秩序がすべて捨てられていいはずはありません。今日いかに多くの両親が、時代精神に即した変革の名のもとで、みじめな思いをしていることでしょうか。母親たちは、もはや一縷《いちる》の更生の望みももてない娘たちの下で、不名誉な隷従を強いられていることでしょうか。

この書の挿絵を志した銅版画家は、先に詳しく描写した昔風の食卓図に対照させて、この変革によって解体した家庭の食卓の様子も描こうとしました。そこでは、おそらく文筆家であろう主婦が、私の見まちがいでなければ、一枚の校正用ゲラ刷りに読みふけり、おそらくそこに文字化されているであろう「理想」に没頭し、日々のパンという「現実」を忘れています。一方相対するご主人は、空いた腹をただ早く満たすことだけに頭はいっぱいです。傍《かたわ》らの子供たちは、髪も梳《と》かさず、手も洗わず、骨にかじりつき、鉢や皿をひっくり返し、あたりかまわず汚しています。

つづいて、今日の学校を描こうとしました。しかし進むべき方向も定かでないこの新しい制度は、掲げる理想があまりにも高邁《こうまい》で、その実現はほど遠いようです。したがって、いまだ存在しないものの様子を描くことはできませんでした。ですが、もとめる高みをおおよその言葉であらわすとしたら、それは次のようなものでしょう。

そこでは、子供たちにはお腹が空《す》いている、喉《のど》が渇いているとロに出していうこと、そして食べもの、飲みものを選ぶことも許されています。しかし最後の認可の権利は両親が握っており、子供たちは、許可なく皿やコップに手を出すことはできません。さらに子供たちには、髪を梳《けず》り、顔や手を洗い、きちんとボタンをはめることが課せられます。この約束を守れば子供たちは、自由に食堂に入り、命じられることなく自分の席に着くことが許されるのです。

食前の祈りも、子供たちの意思に任されます。食事の間でも、ただ両親をいらだたせない限りにおいて、望むままに話をすることも許されます。

この新しい制度が、居合わす者すべてに満足を与えようとしていることは間違いありません。しかしその実現は、多くの問題にぶつかります。たとえば子供が、父親が自分のために取っておいた食べものを欲しがるときです。このとき父親は、それを拒否するにしても承知するにしても、不愉快を覚えるはずです。

たしかに人間には、生まれつきの怠惰《たいだ》な性から、困難を先送りし、従来の習慣から抜け出すことを恐れる傾向があります。しかしその傾向を断ち切ってこの新しい困難に立ち向かおうとするならば、まずそこに居合わすすべてのひとが、権利だけでなく義務をも正しく認識することが必要です。加えてすべてのひとが、他のひとだけに大きな犠牲を強いることのないよう、公正に対するたしかな感覚を身につけることも必須の条件です。もちろん親は、ただ吝嗇《りんしょく》から、あるいは自分の欲から、発育盛りの子供たちに健康で豊かな食べものを惜しむことはできません。他方子供たちには、年長者には自分たちよりも優先権があるのだということを、早くから教え込むことが大切です。

さらに食事に関する礼儀作法についていえば、物分かりのいい子供たちには、身のまわりを清潔にする、静かに食べる、ゆっくり噛むといった品のある振る舞いは、自分たちを際立たせ、尊敬させる、しかし反対に、騒々しいだけで目的のない会話は、何の成果も生まないことを、得心させるよう努めなければなりません。それに、人間は口を開けているより、黙っている方が自然の状態であり、教養を積んだ人間は必要なことだけを口にするのであり、おしゃべりはひとつの癖、無意識のうちに身体をきまって動かす習慣のひとつと教えることです。聞き分けのない子に打つ手はありません。ただ体で教え込むだけです。

子供たちには早くから、フォーク、ナイフ、スプーンなど、食事道具の使い方を教えることも大切です。ここにも、さまざまな作法があります。たとえばイギリス人は、ナイフを右側、フォークを左側に置き、食べものを右手で切り、左手で口に運びます。この方法は動きを単純にします。したがって、大抵の場合食べものを切ったあとナイフを右手から離し、同じ手でフォークをもち、食べものを口に運ぶ大陸の人たちにもおすすめできます。バイエルン地方では、スープを食べたあと、スプーンをきれいに舐め、傍らに置いておきます。つづく料理のソースをすくい取るためです。同じ理由から金持ちのオランダ人は、食事ごとに六本ないし八本の銀のスプーンを用意します。南部ドイツでは、よくさまざまな料理がひとつのソースの中で泳がされますが、もちろんそれは好ましいことではありません。十分にとろみをつけたソースは、個々の料理に添えるものであり、もし残ったら、ちぎったパンに吸わせていただけばよいのです。

しかし元気で発育盛りの若者たちに、単純化されたイギリス風の作法を教え込み、スプーンを舐めるとか、おしゃべりとか、音を立てて食べるなどの癖をやめさせることは、容易なことではありません。

第二章　単一な食事と多彩な食事について

人間の身体にとって、単一な食事と多彩な食事のどちらがよいか、これに関しては古代人の意見も分かれています。ヒポクラテス派の人びとは単一性を、アリストテレスは多彩性を支持しています。多彩な食事に対する反対意見は、そこに含まれる多様な食材の消化度が異なることを、主たる根拠としています。しかしこの考えは、たしかに個々の食事には当てはまりますが、四季を通してとなると妥当するものではありません。四季を問題にすれば、ヒポクラテス自身も、食材に変化を与えることをすすめています。ところで私たちがこれまで、個々の食材についての正確な知識を得ようとつとめてきたのですが、その成果を使えば、いつでもひとしく消化する食事の配列を考えることができるのではないでしょうか。しかし、食事の健康に対する有益性を決定するのは、食材そのものよりも、むしろそれ以上に個々の人間の消化能力であるともいえます。それゆえ私たちは、さまざまな機会での食経験をよく記憶にとどめ、その中から本当に自分の健康に役立ったと思われる食べものを選んで摂ればよいのです。

したがって少人数の食事には、種類の少ない、ただ思い出と一致する食べものだけでたりるでしょう。しかし人数が多くなればそれだけ、それぞれの好みに応じるべく、食材の種類も増えるでしょう。

そして大勢のひとが参加する豪華な宴では、メニューに従って列席者のそれぞれに配される料理とは別に、だれもが好みに応じて手の出せる数種の大皿が食卓に並ぶことがもとめられます。ドイツの、いや主としてスカンディナヴィア風の宴では、しばしばすべての料理が手渡しでまわされます。その結果、みなが同じ好みをもつことが強いられ、退屈といらだちから胃に余分な負担がかけられてしまいます。このような不幸を避けるための方策を私は、のちの五章で述べることにします。しかしこれらの方策にしても、ただ何にでも手を出す大食漢の問題は残ります。このような場合には、それぞれのコース料理をできるだけ早く運び去り、どんな大食漢でも一度に多くて二品しか楽しめないよう、時間を配分します。こうして、大食漢が健康を損なわず、分別あるひとが太る心配もなく、贅沢と秩序の印象は残り、宴の主の名誉は救われます。

主題に戻ります。ヒポクラテス派の人たちは、多様な食材が混ざった食べものについての考察の際、食材の化学的変化ということを忘れていたようです。これは料理人たちにもあまり知られていないことですが、具合のよいことに、ひとつのあるいはつづいて出てくる料理に含まれる食材は、たとえば乾いたものと水気のあるもの、脂っこいものとパサパサしたもの、冷たいものと熱いものとが、互いにそれぞれの体内での溶解を促したり、助け合ったりしているのです。

加えて、純粋な意味での栄養摂取だけが、食事をすることのただひとつの目的ではありません。体液の希釈《きしゃく》化あるいは浄化、体力に刺激を与えることあるいはその刺激を緩和することもまた、食事の目的でもあるのです。その効果を健康な人間の自然は、まさにすぐれた野獣がそうするように、本能的に食べものの中にもとめるのであり、それゆえ同じ食べものが、年齢が違えば、いや同じ人間でも健康状態が異なれば、あるときはおいしく、あるときはまずく感じられるのです。

世界の歴史から見ても、食材の多様性は重要な意味をもっていました。さまざまな食材から栄養を摂っていた民族は、飢餓《きが》の難を避けるため、彼らの住居を密集させていました。穀物、野菜、動物は、その種類が異なれば、それぞれ異なる気候や土壌を必要とします。ある種類には害となる四季の移り変わりも、他の種類には有益なものとなります。あらゆる地域が同時に同じ運命に襲われるわけではありません。他国の産物を利用することを知る民族が、万一の危機を切り抜けるのです。

中国では、あまりにも単一的な食事が、住民を水のゆたかな田園地帯に密集させました。そこに集まった住民の数は計り知れず、ときには十分な食べ物が行き渡らなかったとのことです。旅行者の報告によれば、広大な谷間や平野がそれでも人口の過剰に陥っていたとき、北方や砂地の僻遠には、人影がほとんどの見えなかったとのことです。もし中国人の偏見が、ライムギ、オオムギ、オートムギ、ジャガイモの栽培を許していたなら、水田地帯から僻地への植民ができたのではないでしょうか。

今日のヨーロッパの文化を見るとき、私たちは大昔から、ギリシア人やローマ人が示した農耕や料理術の方向に、じつに多くを負っていることを忘れがちです(1)。狭い肥沃地帯で無数の人口を養うことができるのは、まさに彼ら古代人のおかげなのです。その古代人の遺産は、中世には久しく、ほんのわずかですが修道院において誠実に維持されたあと、新しい、たしかに活動的ではありますが、恐ろしく恩知らずの種族に引き継がれたのでした。

航海術と自然科学の進展は、私たちの知識をますますゆたかにしてくれました。しかし研究者の理論と実際の生活の隔たりはあまりにも大きく、たとえばジャガイモなど、ただいくつかのものが四方八方に広がったにすぎません。

たしかにこの数十年の間に自然の食材はめざましく増大し多様化しました。需要は、それをはるかに超えて進んでいるのです。それゆえ私たちは、人口が至るところで平均して増えること、地中海周辺の国々では、そしてまさに新大陸においても、すぐれた法律、すぐれた行政が、その地の人口を私たちの勤勉の成果に相応《そうおう》する増え方に抑えることを切に望むのです。あるいは私たちは、ローマ人や古代世界の他の教養ある民族と同じように、養うことはできるが仕事を与えることはできない、無為《むい》の生活をおくる住民を大きな公共の事業に使うよう努めなければなりません。このような事業は、たとえば運河、幹線道路のように、公共の永続的な富を増やすでしょうし、あるいはまた、いくつかの大建築のように、私たちの生活の楽しみを大きくすることにもなるでしょう。大事業にかける資金がない、とよくいわれます。しかし労働者を養う穀類には十分余裕があり、売ろうにも売れない食料を抱える今日にあっては、やりくりはそれほど難しくないのではないでしょうか。

まったく実態のない空想的な金の計算から、日々の生活の現実に考えを移せば、悪の中の最大の悪、贅沢な悪、過剰の悪は、容易に解消されます。何故なら、私的な個人としては必要とされなくても養うこ

1　このことに関しては、ヨハネス・フォン・ミュラー『世界通史』が、多くの刺激を与えてくれます。

とができる人間が国家に存在するということは、それは実際のところ、大事業の人的力の豊かさ、贅沢さなのですから。すなわち、ただ有効な人的エネルギーのそのような過剰が存在するところにのみ、古代ローマの水路、橋梁《きょうりょう》、軍用道路、今日のロンバルディア地方の灌漑システムのような、大事業は可能なのです。それは、資金の問題ではなく、人間の毅然とした意志の問題です。

第三章　食事中の心の動きについて

胆汁《たんじゅう》を過剰に分泌させる、あるいは神経を過度に刺激し消化器官を急激に収縮させる「心の動き」というものがあります。また消化器官の活動を麻痺させる「心の状態」もあります。

上に挙げた作用をおよぼす「心の動き」には、以下のものがあります。

第一は、**激昂**《げきこう》です。これは、私たち自身、私たちの友人、私たちの考えが、まったく思いがけないやり方で侮辱されたときに起こります。

人間をよく知るひとは、そのつもりもなく他人の人格を傷つけたりしないものです。ましてや食事中に、意図して他人を侮辱することなど、けっしてあってはなりません。世間に疎《うと》く、周囲の空気を解せないひとは、そのつもりもない侮辱的言動を容易にしてしまうものです。しかし周囲を見る分別をもつひとは、自身が無益な激昂に陥らないよう、みずからを制御する術を知っています。しかしときとして私たちが気がつかないうちに、感受性の鈍い、言葉の微妙なニュアンスを正しく理解できないひとを、傷つけてしまうことがあるのです。それゆえ分別のあるひとは、食卓の席でやむを得ず、感受性の鈍いひとと会話するときは、十分に言葉を選び、理解されにくいであろう皮肉にはとくに気をつけなければなりません。まったく感受性に欠けるひとと席を同じにするときは、彼が粘液質《ねんえきしつ》であればまさに鈍感なのですから、まだしあわせです。そうでなければいっそのこと食事の間中、騒々しい音楽を奏でさせるのもよいでしょう。もちろん私は、それ以外の食卓での音楽は有害で不快なものとして拒否するのですが。

友人に対してなされた侮辱は、多くの場合、自身に対するものよりもはるかに関心が向かないものです。しかも、友情にもさまざまな段階があり、そこから一定の対応の仕方を導き出すことはできないのです。ただここでいえることは、結ばれたばかりの友情も、古くからの、まったく信頼のおける友人のそれと同じように大切にしなければならないということです。というのは、新しくもなく古くもない友情など、どうでもいいからです。

考えに対する侮辱は、じつに微妙な事柄であり、可能な限りを尽くして、これに近づくことを避けねばなりません。何故なら人間は、ときとしてわが子より可愛い、このうえもなく偉大な考えを抱くことがあるからです。そしてそれへの愛は、別のあるいは新しい考えが浮かぶことなどあり得ないと思えば思うほど、強くなるのです。

もちろん考えの中には、生涯の間に魂の底に沈みこみ、骨と化したものもあり、あるいはまた青天の霹靂《へきれき》のごとく、突如心に浮かんだものもあるでしょう。骨と化したものには、けっして近づいてはなりません。しかし前者には、もしかしたらウィットや軽い機転で、ひらめき返すことができるかもしれません。

第二は、**憤り**《いきどお》です。これには、激昂を長引かせ、それをひとつの永続的な気分にまで高める会話によって到達します。すなわち憤りは、長引いた激昂以外の何ものでもなく、激昂と同じ動機をもっています。もちろん激昂が起こったあと、憤りをかわすこともできますが、それにも時間が必要です。建物を毀して大火事を防ぐように、激昂はときには落ち着きあるいは譲歩、あるいは時宜《じぎ》にかなった謝罪で、宥《なだ》めることができます。そうすれば、おそろしい憤りに到達することはありません。

第三は、**腹立ち**《はらだ》です。これは、抑えられた憤りであり、したがって動機は同じです。ただここでは、それに、憤りを抱く者が過度の興奮あるいは懸念やものおじから、自分の心の動きをさらけ出すことができないことが加わります。陰険なハイエナがもっともおそろしい猛獣であるように、食事中でのこの心の動きは、もっとも手に負えないものです。

胃の委縮は、次のような「心の状態」に起因します。

第一は、**気**《き》**まずさ**という心の状態です。これはまず、会食者のひとりが自分の考えを打ち明けないような会話から生まれます。この危険な状況には、互いに不信を抱き、よそよそしくし、まだ爆発には至らない感情のこじれにとらわれた夫婦、会食者、友人たちが陥ります。この場合、食事の前に腹蔵なく語り合い、それでもしこりが残れば、むしろともに食事をすることとやめるのがいいでしょう。さらに、気まずさは、たとえばみなが同じ程度に機知に富み、教養を積んでおらず、あるいは異なる教養を身につけたひとたちが、会食の際に、同席者に隙を見せないことからも生まれます。それゆえだれしも会食の際には、他のひとがおよばない高度な知識や功績を披露したり、同席のみなが十分に理解できない事柄を会話の中に引用したりしてはいけません。それどころか私は、同席の友人たちに、たとえ漠然としたやり方であっても、もしかしたらあるかもしれない地位や身分の違いを感じさせることさえ、してはならないと思います。地位や身分の違いが意識されれば、たとえ同じ程度の教養を身につけたひとたちの間にも、ある種の気まずさが生じるものです。ある同席者のひとりが他のひとの意見に賛意をあらわす、あるいはあからさまに反対する会話がはじまると、気まずさはもっとも危険な高みに達します。この危険を避けるためには、たとえば、少なくとも政治談議の際にはみずからの考えをもらすことが許されない外交官のことなどを考えてみましょう。そしてもしそのような外交官が、芸術に関する学問を学んでいれば、いやたとえそうでなくとも愉快で社交的なウィットに富んだ人間であったなら、それ以上の幸運はありません。彼なら、どんなに厄介な会話にも容易に、罪がなくて面白い話を結びつけ、さらに進展させることができるからです。

第二は、**恥《は》じる**という心の状態によることです。これは、ある同席者のたまたま社交的な名声に隠れていた身体的あるいは精神的障害や弱点、欠点、さらには悪癖といったものが、明るみに出されたとき生じます。人間が生涯のうちでまず逃れることのできない不愉快な失敗をなにかにつけてほのめかすことなど、けっしてしてはならないことです。何故なら、私たちは、あるとんでもない失敗を彼ならばやりかねないと思われれば、それはとても恥ずかしいことだからです。みずからに多くを頼むひと、あるいは少なくともみずからを他の人よりも上に置きたいひとは、食事の間、みずからの知識のないこと、みずからの価値のないことを、他の人に知られないよう気をつけるべきです。もしそれをどうしても恥ずかしいと思うならば、朝のうちに懺悔師のもとを訪ればよいでしょう。とてもたわいのない人たちは、他の同席者の地位や富が優勢であることを知らされるだけで恥ずかしく思うのです。

同席する人たちに恥ずかしい思いをさせないことは、人間として当然のことです。とにかく、食卓からあらゆる恥ずかしさを締め出すことです。

第三は、**落ち着きがない**《お　つ》という心の状態によってです。

これは、会話があまりにもあっちこっちに飛んで支離滅裂になったとき、あるいは誰もが正確なことを理解していないときに起こります。また私たちは、論理的に一貫性をもたない人たちがあることについて議論をしているのを聞き、しかも彼らがその議論からただちに何らかの結論を得たと信じていることを知ったとき、落ち着きがなくなるものです。

食事中の落ち着きのなさは、自分自身に注意を向け、虚栄心や利己心を制御することができれば、その原因から容易に遠のくことができます。

第四は、**緊張**《きんちょう》という心の状態によってです。

これは、みずからの考えを表明し、理解させるようと苦心惨憺《くしんさんたん》するとき、起こります。形而上学あるいは数学に関する会話は、食事から楽しさを永久に追放します。もちろん古代のギリシア人は、そう思っていませんでした。しかし私たちドイツ人は、私的あるいは公的生活の事柄を明確に定義し、それを理路整然《りろせいぜん》と表現することがまったくもって苦手なのです。

消化器官を麻痺させる「心の状態」には次のようなものがあります。

第一は、**眠気**《ねむけ》です。この危険な心の状態は、まずは自身の意識の集中が欠けることにもよりますが、しかしなんといっても大きな原因は、会食者のひとりあるいはふたりが会話を独占し、意味もない考えをダラダラとつづけることです。

第二は、**気が散る**《きち》ことです。これは、突然の大きな物音、大声での意味のないおしゃべり、高笑い、羽目を外したばか騒ぎが引き起こす心の状態です。食事の際の奏楽、いわゆるターフェル・ムジークもまた、人びとの気を散らせる原因となりますから、避けるべきです。すでにシェークスピアは、食卓で騒がしいドイツ人を非難しています。しかしこの非難は、ドイツ人一般よりはむしろドイツの宿屋の食堂、あるいは地方の小市民の宴に向けられるべきでしょう。

第四章　正しい家庭の食事について

私は、ときおりの豪華でゆたかな宴よりも、清潔で上品で十分に足りた、そしてときには小さなお招きもある日々の食事の方を重《かさ》ねがさねも大切にするよう、心から願うのです。というのは、たしかに豪華な宴に招いたり招かれたり、友人たちを自分の周りに集め、日常の枠を超えて楽しみにふけることも、喜ばしく有益でしょうが、しかし真に身となり、英気を養い、生きる力を育《はぐく》み補《おぎな》うのは、ただ三度三度の食事だからです。

それゆえ私は、これまでの各巻でかたくなに、珍味佳肴《ちんみかこう》よりも平凡な家庭料理や郷土料理を取り上げ、もっとも安価な、もっとも健康によい食材のもっとも簡単な調理法について述べてきました。私の意図を正しく理解した方は、一年を通して、けっして度を超すことなく、十分に足り、そして楽しく食卓をにぎわす食べものに不自由することはないでしょう。肉あるいは魚の煮出し汁、あるいはただの水に微細に挽いた穀粉を加え、こってりとさせたスープに添えて、今や備えのよい主婦は、塩物あるいは酢物、新鮮なバター、ハツカダイコンなどに事欠くことはありません(1)。すなわちこれらの品々で、小さな皿にきれいに盛られた前菜となるのです。また塩漬けにしたニシンと酢漬けにした早穫りキュウリ、ハツカダイコンと新鮮なバター、数切れの良質のソーセージあるいは強く燻製したハム、あるいは火を通したのち塩漬けにしたさまざまな種類の残りもの、これらはみな、それほど出費のかからない、二皿あるいは四皿の前菜となって、その主婦が食卓に載せるのです。つづく主菜は、熱を通した野菜、揚げたあるいは焼いた肉です。あるいは限られた家計では、ときどき肉の代わりに魚が出ます。そして最後に軽いケーキ、ヨーグルトあるいはチーズ、四季折々の獲りたてのあるいは手を加えて保存された果物で食事は閉じられるのです。

以下に家庭料理の例をあげます。

四旬節の精進日の食事

擂り下ろしたジャガイモをブイヨンに加えたスープ(第一巻十二章参照)、あるいは圧し潰したエンドウを加えたザリガニのスープ、あるいは熱したバターで軽く炒めた野菜のスープ、あるいはその他。

前菜:生のニシンあるいはイワシ、燻製のサケ、キャヴィア、あるいはウナギ、あるいはベルヒテスガーデンのマスのように、網の上であたためる必要のある燻製の魚、またはマリナードに漬けた魚。海に近いところではカキ、種々の貝、あるいはロブスター。付け合わせとしては酢漬けの早穫りキュウリ、インゲンマメ、カリフラワー、あるいは香辛料とともに酢で茹でた野菜。そのほか新鮮なバターを添えたハツカダイコン、赤ダイコン、あるいはそれらの季節でないときは、いくらか硬めに茹でて輪切りにし、塩、コショウ、酢で味付けしセロリ。

主菜：蒸し煮の魚。これは、調理皿の中で魚の煮出し汁をまず吸い込ませ、つづいて水気がなくなるまで煮込んだジャガイモの上にのせて出します。魚に脂がのってない場合には、適量のバターを添えます（第一巻十章参照）。

揚げた魚には、ホウレンソウ、スイバ、風味ある野草の混ぜ合わせなど、熱を通した消化のよい温野菜を添えます。魚がないときには、タマゴや軽く焦がした白パンで代用します。

最後に、串に刺して、あるいは網の上で焼いた魚とサラダ。または果物あるいは砂糖で甘みをつけた焼き菓子。

肉の日の食事

スープ：パン、野菜、あるいはさまざまな穀粉料理を加えたブイヨン。
前菜：数切れのハム、あるいは燻製のソーセージ。これに、冷たくした焼き肉あるいはゼリーに漬けた肉を載せた小皿を添えます。温野菜を添えてもよいでしょう。手際のよい主婦は、これに時折、獣脂で揚げたちょっとしたものを加えます。
主菜：野菜とともに、あるいは単独で煮込んだ肉。
揚げたあるいは網で焼いた肉と温野菜。ビーフステーキにはサラダ、煮込んだ肉の傍らには、ふたつ

1　季節が与えるすべてを彼女はいつでも／おまえの食卓にのせ、まいにち食に／気を配ることができる。ゲーテ。

乳製品。

の小さな皿に盛った温野菜を添えます。デザートは、果物、チーズ、ミルク粥、ヨーグルトなど冷たい

このように前菜ではじまる食事は、ドイツよりもイタリアで普通なのですが、このやり方で私たちは、特別に美味であるがゆえに高価である品々を無くて済ますことができるのです。前菜はまた、食事のはじまりに意味をもたせ、かつ胃の活動を刺激すること、体に悪い早食いを誘う激しい空腹をなだめることにも役立つのです。ヒルデスハイムでは、スープのあとに常に少量の冷え肉料理が出ます。美と秩序のセンスをもった方には、是非ともおすすめしたい習慣です。

テーブルクロスとナフキンは、常に清潔であらねばなりません。たいていのひとは、不潔に対しては非常に敏感であり、加えて、清潔で皺のない真っ白な布は、食事にけっして欠くことのできない美的感受性を強く刺激するのです。それに劣らず私は、家庭での食事の際、少なくとも花がふんだんに手に入る季節には、花をいっぱいに生けたきれいな器で食卓を飾ることをおすすめします。

前章でいくつか挙げた食欲を害する「心の動き」や「心の状態」は、家庭の食事に際しても絶対に避けねばなりません。ご主人は、仕事上の厄介事、ましてや奥方への不満を食卓に持ち込んではいけません。子供たちが両親の諍《いさか》いの証人にされるなど、けっしてあってはならないことです。食事中に生じた怒りや不機嫌ほど、不快なものはありません。家庭の不和は、閨《ねや》の小言にとどめるべきです。いやこれとて、非難されるのでしょうが。

ところで、もっともすぐれた主婦あるいは料理人であっても、ときにはうまくいかないことがあります。原因は、主観的には料理する人間の気分、客観的には、たとえば食事がはじまろうとするときの天候の急変、あるいは食材がたまたま適さなかったことなどがあるでしょう。この場合、両親、とくにご主人は、自分を抑えることができねばなりません。怒ったところで、その日の食事がうまくなるわけでも、非を責めて明日に何かを得るわけでもないのです。

第五章　宴の食事について

昔から祝いの宴は、度を越すものでした。それは、食欲を満たすだけが問題ではなく、ありあまる食べものを披露《ひろう》し惜しげもなく提供することで、祝い主の地位を誇示するものでもあったのです。

そしてふだんは醒めた、極度に倹《つま》しい生活をおくる国民ほど、贅を尽くした宴に惹かれたのです。反対の極にあこがれ、日ごろの足りない思いを存分に晴らしたのです。ですが食に不自由せず、健康に生きる国民は、「美味崇拝」、「珍味崇拝」というものを知りません。ただ、たとえば自由国家が崩壊するころの、あるいは帝国が完全な終焉を迎えたころの古代ローマのように、莫大な富がまともな感受性を失った粗野な人間の手もとに積み上げられたとき、「美味崇拝」、「珍味崇拝」は日々の生活の中に入り込むのです。倫理感のかけらもない粗野に育てられた人間の判断力は、感覚にかかわるあらゆる悪習の中でもその最たる、この致命的な心の病からもはや抜け出すことはできないのです。

ここでも、感覚にかかわる事柄にあってはいつもそうであるように、中道、あるいは中庸こそが、たとえ、少なくとも精神的には、たしかに強靭《きょうじん》な忍耐力をもとめられるとしても、非常に価値あるものとされるのです。

それゆえ、不自由なく暮らし、教養のある民族は、宴の場にあって、海あるいは星空に無限を見るように、過剰という思いに目覚めるのです。そのような人間だけが、いち早くみずからの限界に気づき、手の届かないものからは身を退き、広い世界には自分という個人にも、水の中の魚のように自由に動ける空間があるのだという、心地よい感慨に浸ることができるのです。

宴の食事は、家庭の食事と同じ四種の基本的な料理から構成されますが、ただそれらすべてが、大きな器に盛られ、出席者全員に行き渡らなければなりません。スープは、所によっては欠くことがあります。これに煮込んだ肉、揚げた肉、煮込んだ魚、揚げた魚と、四種の基本的な料理がつづきます。これらはみな、特別に硬い、あるいは脂がのりすぎた肉や魚は例外として、もっとも単純に自然に近い状態で調理され、病人あるいは虚弱な体質のひとにも適すことが必要です。

これら以外の混ぜもの、あるいは単一でも刺激のあるもの、体を冷やすもの、あるいは消化の悪いものは、上の四種の基盤となる料理とは別に、それぞれ独立したコースとして、だれからも見え手が出せるように配されます。

以下に、おそれ多いことですが、侯爵家に仕えていたとき、私が命じて用意させた宴料理を例示させていただきます。

①前菜

丸い食卓の場合には、スープはこってりとしたもの一種類とし、それに軽くて消化のよい、誰にも好かれる具を添えます。長方形の食卓の場合には、相反する味の二種類を用意します。たとえば仔牛の頭のスープ（第一巻十二章参照）にはザリガニのスープ（同所参照）、あるいは味をしみ込ませたマカロニ入りブイヨンにパルメザンチーズを添えたものには、風味をもつ野草のスープあるいは裏漉ししたミドリエンドウ、根菜類あるいは穀物粒入りのスープを対比させます。

スープのまわりには、食卓の大きさや参加者の人数に応じて、八ないし十二種の前菜を配置します。スープ鉢は、その形が美しいものであれば、食卓上の唯一の飾りものともなるでしょう。しかしときにはそれを食卓でなく脇机にのせ、召使いに給仕させることもあります。この場合、スープ鉢が本来置かれる処には、代わって飾りものが据えられます。これには、蔓《かつら》の時代《じだい》（十七-十八世紀）には、基台の上に組み立てられた磁器製のラップ人の群像が使われました。当時のひとはまったく驚くべき悪趣味に溺れており、まさにこれら群像は、そのころ大いにもてはやされていた中国趣味の影響のもとでイギリス人やフランス人が変に細工し、ヨーロッパ各地に広めたものでした。近年、古代の彫像や神殿を模倣した芸術じみた置物が見られるようになりました。しかしこれとて、あの人形たちよりはましでしょうが、それでも精神の貧しさ、形に対する感性の欠如の証拠以外の何ものでもありません。とくにフランス人の気取ったブロンズ細工は、不快な趣味の極《きわ》みです。古代の質のよい手本から忠実に象《かたど》ったアラバスター製の壺は、今日の人にもまだ推奨できるかもしれません。それを豊かな花でたっぷりと飾れば、その自然の華やかな生気で、現代人の美的趣味の貧弱さを少なくとも半分は隠すことができます。

丸い食卓の場合には、ただひとつ、添え料理の皿に囲まれて中央に、アラバスター製の美しい、できれば香りのない花をたっぷりと生けることのできる大きさの豪華な壺を据えます。しかしデザートになると、これを、他の香りのよい花を生けた壺に代えます。というのは、食事の間は、花の芳香は動物性の食べ物の湯気と混ざり、客人をいらいらさせ、気分を害する悪臭となるからです。しかしデザートになると、花の香りは人びとを浮き立たせ、食事の残り香を追い払ってくれます。かつては、デザートには香りのよい爪楊枝が用意されたことさえありました。

長方形の食卓では、花の壺はひとつよりもふたつのほうがよいでしょう。そしてそれぞれのまわりには、四種の前菜あるいは添え料理を配します。このふたつの花の壺の真中には、同じく四種の副菜に囲まれて、たとえばスカリオーラ（人造大理石）浮き彫り版、あるいは磁器製で選り抜かれた絵のある古代ギリシア・ローマ風の大皿など、低い飾りものを据えます。デザートには、スミレあるいは他の香りのよい小さな花束を生けた古代風の器を置くこともできます。宴のあとで、もしお望みなら、この花束を御婦人の部屋に届けるのもよいでしょう。

閑話休題。前菜に戻りましょう。前菜には、胃酸の分泌を促し、害を及ぼす激しい空腹をなだめる少量の、多くの場合冷たい食べ物が適します。たとえば、タンの塩漬け、ハム、燻製したソーセージ、ニシン、サケ、アンチョビ、キャヴィア、カラスミ、塩漬けのオリーヴ、さらには、たとえばヤツメウナギ、カワメンタイ、ノルウェー産の大型ニシンなどのマリナード漬け。これらは、ごく薄くスライスしたり、細かく刻んで出しますが、キャヴィアなどは、薄くスライスし、軽く焦がした白パンにのせて供します。これら前菜をたくさん食べることは、けっしてよいことではありません。隣人に横目で睨まれないのは、ひととしてのたしなみです。

以上の保存用に加工ものをのせた四つの平皿は、生の小物、たとえばカキをのせる平皿と交代させることができます。この場合、カキは四皿全部にのせます。カキ以外には、剥き身にしたハマザリガニ、これはスライスしたバターにのせるか、あるいはオリーヴ油、塩、コショウ、レモンの搾り汁で味をつけます。または燻製したウナギ、これは熱湯にしばらく浸け、皮を剥き、コショウをふり、適当な大きさに切り分け、紙に包んであぶり、最後にレモンの搾り汁をかけます。また燻《いぶ》したベルヒテスガーデン産のカワマス、シュターレムベルク湖産のフェルヒェン（マスの一種）などは、それぞれの地方色を生かして網で焼きます。さらには、やわらかい肉、たとえば焼いた豚肉を冷ましたもの、あるいは濃いめのブイヨンで煮込むかあるいは紙に包んで網の上で焼いた仔牛あるいは子羊の骨付きアバラ肉などを小さく切ったものなどが考えられます。それらの間に、イタリア風のトリュフ、保存用に漬けたキノコ類、ハツカダイコンなど、植物系のものを配します。

これらには、小さなパイ、あるいは肉と野菜を刻んで揚げたもの、あるいはイワシ、ドジョウ、小さな切り身にしたニジマスなどの揚げ物をのせる四つの皿がつづきます。

しかし主菜がただ四種に限られる場合には、前菜は、変化をつけるために上に挙げた三つの種類からそれぞれ選びます。

手元にカキが豊富にあるときは、むしろ大きな器に盛り、卓上には置かず、主菜が進む間順繰りに、手渡しで配ります。

②煮込んだ牛肉の大きく立派な塊

食卓に余裕があれば、これにローストビーフ、あるいは燻《いぶ》したあるいは天日で乾かしたいわゆるハンブルク式ステーキの塊を加えます。これらは、傍らに据えた専用の台の上で切り分け配ることもできます。食卓が小さければ、煮込んだあるいは焼いた牛肉だけに限ります。

ソース、ジャガイモ、その他の付け合わせは、卓の上に置かず、手渡しでまわしたほうがよいでしょう。このコースには副菜として、何かを添えた、あるいはそれだけの温野菜、小さく切り分け、さまざまに調理した鳥や柔らかい肉料理を平皿に盛ります。これら副菜は、ふつう、あらかじめ卓上に並べられることなく、給仕がもつ器から、各自が自分のフォークあるいは専用のスプーンで、自分の分だけとります。

③煮込んだあるいは焼いた大型の魚

食事が煮込んだあるいは焼いた肉のコースまで進みましたら、魚の調理にかかります。副菜としては、さまざまに調理した小魚、それに小さなソーセージ、サルミ、フリカッセなども加わり、四種、八種、あるいはときには十二種におよびます。そのいくつかはライススフレ、あるいはバター入り生地を薄切りにして焦げめをつけたものを被せたりします。さらにマカロニ、パルメザンチーズを添えたジャガイモ、トリュフ入りのポレンタなど、こってりとした味の澱粉料理がつづきます。

④主料理としての焼きもの

例をあげれば、一個の仔牛のモモ、一羽のシチメンチョウ、あるいは三羽のキジ、九羽のヤマウズラあるいはシギなど。添え料理としては、まずサラダ、それに繊細な味の魚、鳥、ハム、あるいはイノシシの肉などを酸味のあるゼリーに漬けた冷たい料理。そして最後に、デザートへの橋渡しとしてのタルトや甘みのある穀粉料理がきます。

⑤デザート

これには、味が薄く、溶けやすく、それに何よりも消化のよいもの、すなわち煮込んだあるいは漬け込んだ果物、ゼリー、クリームなどの乳製品、氷菓子、香辛料とともに漬け込んだ砂糖菓子、繊細な味のチーズ、新鮮な各種の果物などがあります。

果物を盛り付ける際には、多くの種類があるときは、豊かさの印象を与えることが大切です。器には、高い脚とひろい縁をもつ古代ギリシア・ローマ風のものを選び、真中にパイナップルとメロン、そのまわりにモモ、イチジク、そして縁を超えてブドウを垂れ下げます。果物が少ないときには、それらをそのとき手に入るさまざまな形の小さな皿や籠に上手に分け、乏しさを隠します。

さあ、これで用意はととのいました。それでは皆さま、どうぞお席にお着きください。

第六章　病人のための食事について

　これまで述べてきた料理の中にも、基本的には病人の食養生に合致するものも含まれていました。しかしその際、病気のひとや療養中のひとに対して特別の配慮がなされていたとはいえません。そこで私はここに、信頼できる医家とのやりとりをきっかけとした、新しい章を加えることにしました。

　厳密にいえば、本当の病人にはどんな食事も役には立ちません。彼らは、みずから欲してではなく、ただ外からの惰性で食を摂っているにすぎません。いや、あるいは何らかの欲求はあるのかもしれませんが、それはけっして、食欲と呼べるものではありません。

　私がここでいっているのは、本当に病気のひとのことです。しかしそのような病人でも、ほんのときたまでしょうが、何かを口にしようとするものです。まさにこのとき、かれらに摂ってもらおうとする食べ物が問題なのです。

　砕いたあるいは粒のままの穀物を水で煮て柔らかくし、新鮮なバターのひと塊、それに何よりも塩（煮て溶かす際の塩の作用についてはマッケンジー氏の精確な観察を参照）を加えたもの、これこそがどんな病人にも害にならない、いや重病人にさえ抵抗なく受け入れられるスープであり、食養生の中心となるものです。穀物の中でもっとも速く柔らかくなるのはソバで、ごく短い時間煮るだけです。次がコメですが、このスープに私は、バターをコムギ粉で捏ねたもの、さらには病人に応じて、非常に細かく刻んだ薬草を加えることをおすすめします。オオムギ、砕いたスペルトムギやオートムギは、時間をかけてゆっくりと煮ます。トウモロコシの挽き割りは、ブイヨンで煮込まないと口に合いません。熟成させた白パンを掻き混ぜることなく、ただ揺り動かしながら水でゆっくりと煮込み、少量のバターを加えると、肉に似たものが出来上がります。これは、たとえばパセリ、タラゴン、バジリコなど、刺激の強くない香辛料をよく吸収し、いっそう肉に近い味になります。幻覚を鎮め、欲望を抑えねばならない病人の食養生には、粥に近く、味も変化できるこのスープがもっとも適していると言えるでしょう。

チザン液、あるいはシュライムなど別の呼び名もあるのでしょうが、この諸種の薬草を煎じた薬湯もともとをただせば、上述のスープと似た考えに基づいているのです。普通この煎じ液は、甘みをつけるかレモンの搾り汁で口当たりをよくし、一回限りの食べ物としてではなく、飲み物として昼夜に別なく与えられます。しかしこのような飲みものは、それでなくても弱まっている病人の消化活動を妨げ、少なくともそのことと結びついて、病人には堪えられない不快感を与えることにもなるのです。食事のすぐあとにレモネードを飲まされたと考えてみてください。病気も長くなると患者には、それでなくともいつも与えられてきた甘酸っぱい飲み薬に対する嫌悪感が、染みついているのです。昔風のフランス式看病に使われるトリ肉煮出し汁で煮たオー・ド・リ、あるいは仔牛肉の煮出し汁で煮たライン風オオムギシュライムは、例の如く砂糖で甘みをつけた飲み物として長い間人気を博してきました。しかしこれらは、飲み物としては中身が濃すぎ、むしろスープとして扱うべきでしょう。

何かの患いで衰弱していくひと、あるいは重い病から回復に向かうひと、このような人たちには、より腹の足しになる食べものが必要です。しかしまさにこのとき、急激に目覚めたあるいは病的に昂ぶった食欲を、その患者の状態よりも目や舌にとらわれた調理ではぐらかしてはいけません。

以下は、そのような場合にあってもっとも間違いのないいくつかの例です。

スープとしてまず挙げられるのは、ブイヨン・ド・プリム（第一巻十一章参照）。これは、ただ飲みものとしてもよいでしょうが、薄く切って軽く焦がしたパンに注いで、食事とすることもできます。このスープが効き目をもつようになれば、汁を煮出したあとの肉を使ったコンソメのゼリーはもはや必要ないでしょう。代わって、消化のよい肉類を網の上、あるいは串に刺して焼いたもの（第一巻五、六、七章参照）、鳥、仔牛あるいは狩猟鳥獣の刻み肉料理（第一巻十五章参照）を用意します。ただし刺激のある興奮を誘う香辛料は、けっして入れないように。煮込んだ鳥あるいは仔牛の肉もよいでしょう。ただし煮込んだ肉は水気がなくなると硬くなりますから、煮汁から出してすぐに食すように。

野菜では、ブイヨンでゆっくり煮込んだニンジンをおすすめします。ジャガイモは、十分にアク抜きし、塩を加えた水で崩れるまで茹で、これをブイヨンで、あるいはバターを加えて煮ます。葉菜では、レタスやエンダイヴを私のやり方で調理したもの（第二巻十章参照）。サヤエンドウは、スープの具として、あるいはブイヨンで煮ますが、ただ水気がなくなると硬くなりますから煮過ぎないように注意します。サヤインゲンは、軽く茹で、ブイヨンでゆっくりと煮込みます。白い根菜類は、例外なくおすすめできます。ただしテンサイ類、それにキャベツ類、ソラマメ、アーティチョーク、カルドンはおすすめできません。蒸したキュウリ、茹でたあと蒸し煮した早穫りのカボチャは、消化を促し、元気を回復させる付け野菜です。

ホウレンソウは、非常に問題です。クレソンやタンポポは甘く味つけし、食べやすくすることができるのですが、ホウレンソウは、それもできません。

以上は、はじめの二巻で述べた事柄の中で、医師と看護するひとに実践的に役立つであろうことを改めて手短に示唆したものです。さらに深入りすると、私の意に反して繰り返しになりますのでやめにします。

付録　かつて宮廷に仕え、今はアランフェスの「熊亭」の主人である従兄のエルンスト・クリュシュの旅行記からの抜粋

ピレネー山脈の向こうへ旅しようと、その準備にバイヨンヌで数日を過ごす予定の方は、是非とも旅籠サント・エティエンヌにお泊りになるとよいでしょう。(1) 金の文字で「ポサダ・デ・リント・エステバン」とスペイン風の屋号も掲げるこのよく整備された宿では、長閑《のどか》に暮らすこの地に特有のおいしい料理が、あなたをおまちしてます。たとえば、何処のよりも美しくみずみずしいキノドアオジ（ホウジロの一種）、それに格別においしく味付けされたあの有名なクイス・ドワ（ガチョウの足）。これは器に盛られて出てきますが、軽く火にあぶっていただきます。さらに忘れてならないのは、時期が合えばのことですが、あのバイヨンヌのハムを新鮮な緑のイチジクといただくこと、それに豊かな海の幸。とりわけ海

1　じつは私は、身分の高い方々には、迷うことなくフォンダ・ドローソにお泊りになることをおすすめします。〔この本の著者は、ルーモールのお抱えの料理人ケーニッヒということになっています。したがってこの項の書き手エルンスト・クリュシュはケーニッヒの従兄ということになっていますが、実際には、当時のデンマーク王朝のマドリード駐在の外交官で、ルーモールの友人でもあったヨハン・ゲオルグ・リストでした。フォンダ・ドローソは、貴顕の泊まる歴史ある有名な宿屋でした。〕

からあがったばかりの、あるいはマリナードに浸けたマグロは、ぜひ試してみてください。

きっとここでの食味の思い出は、前に立ちはだかるこれからの不自由にも耐える元気を与えてくれることでしょう。スペインの風は、料理というものを知りません。ですから旅行者は、自分で料理するしかないのです。農家の悪童から購《あがな》った、あるいは自分で撃ち落としたヤマウズラあるいは野バト、道すがら仕入れたニジマス、タマゴ、ヤギの乳、これらで自足するしかないのです。宿屋で出てくるものは、半分フランス風とでもいうのでしょうか、おそれいる代物です。

スペインでは、何処でもそうでしょうが、国民的料理は、裕福な農家かあるいは中産階級の市民の家庭に隠れているのです。それらは単純で、けっして気取ったものではありません。それゆえ、とんでもない思いつき、あるいは異国の不幸な模倣で、歪められ、いじくりまわされ、そして最後には追い出されてしまっているのです。

うわさによると、スペインの唯一の国民的料理とされるオルラ・ポトリーダ（オジャ・ポドリーダ）は、食べられるものなら何でも投げ込んだ無茶な混ぜものと理解されているようです。これはとんでもない誤解です。まず知らねばならないことは、当地でこの料理は、ただオジャと簡潔に呼ばれているということです。ポドリーダという形容語は、すでに古い旅行記にも登場していたようですが、地元ではだれも知りません。そのオジャは、何もかもを混ぜ合わせたものとされていますが、その起源、その原型は単純なものでした。ですから、現在のオジャについて語る前に、プチェロのことを知る必要があります。これもたしかに雑然としたものに見えますが、それでも、滋養になる、おいしい食材をひとつにまとめるという目的ではじめられたのでした。植物性食材と動物性食材をひとつの器の中で、具材同士ではなく汁が完全に溶けあうまでに煮込む、これがプチェロなのです。

動物性の食材としては、羊の肉（カルネーロ）がもっとも一般的です。しかし牛肉（バーカ）もよく使われ、ときには両者を混ぜることもあります。野菜は、本来は白キャベツだけでしたが、次第に種類を増し、コールラビ、ブロッコリー、ニンジンなども使われるようになりました。その際、スペイン人がとくに好むガルバンソ（ヒヨコマメ）は、欠かせません。このように多くの種類の野菜を加えることは、たしかにプチェロを豊かなものにしましたが、しかしこの料理の本来の形は、ただ一種の肉と一種の野菜をできるだけ緊密に詰め、スープをとることなど一切考えず、ただ煮込むことにあったのです。これに貧しいひとたちはトマト、ネギあるいはタマネギを、富裕な人たちは、スペイン人がチョリーソと呼ぶ、仔牛の肉からつくられた、香辛料を利かせた小さいソーセージを加えます。ちなみにこのチョリーソは、ラバの肉を使うと間違って伝えられるエストレマドゥラ産がもっとも良質とされ、スペイン中に広まっています。普通には、ベーコン（トシーノ）あるいはハム（ハーモン）を加えて全体をしっとりとさせますが、貧しいひとたちの間では、これが肉の代用ともされます。ですが、肉がないからといって、味が非難されることはありません。ひとつの鍋で煮込まれた汁、肉、野菜はひとつの器に盛られ、それに当地のおいしいコムギパンをちぎって投げ込めば、ここに健康的でおいしい食事が出来上がります。

このプチェロに、手に入るありとあらゆる種類の肉や野菜、鳥、それも家禽、野禽を問わず加えれば、ここに私たちのオジャは生まれます。卓上にあらわれたオジャは、その自然の性格丸出しに、渓谷、段丘地、峰々の連なる山岳地帯の景観をほうふつさせ、肉の塊は太古の山の峨《が》峨《が》たる頂き、そのまわりには、いまだ本来の形をとどめる野菜の群れがまといつき、裾野には、香り高いチョリーソが花輪の如く巡っています。このようなオジャは、大変な準備と、それぞれの素材を正しい時間に煮上げる少なからぬ技量を必要とし、また、スペインではめったに見られない大勢の会食者を前提とします。ですからこれがつくられる機会はけっして多くなく、その意味では、オジャは民衆料理とはいえません。他方、虚栄とはほど遠い、つつましやかなプチェロは、何処でも見られるものであり、一切の添加を拒否するもっとも簡素なものから、市場の残りものを一手に引き受けるものまで、無数の等級が可能であり、それゆえいかなる階級のひとにも、またいかなる舌の持ち主にも、応えることができるのです。

他にもそれぞれの地方に、それぞれが自慢する、勝手に混ぜたり焼いたり蒸したりする料理が数多くありますが、ここではそれらは省きます。それらは、滋養の面でも味の面でも、たいしたものとは思えないからです。そこで直ちに、もうひとつの国民的料理ガスパチョに向かいます。これもまた、ふたつの互いに大いに異なる姿であらわれます。すなわち大衆の間に見られものと、お金持ちの食卓に登場するものです。

この料理も、もっとも単純で安く、そして滋養たっぷりの混ぜものからはじまりました。おそらくそれは、大昔の戦うあるいは働く民衆と結びついていたと思われます。すなわち移動をつづける羊飼い、兵士、飛脚、彼らは、大地が何処にでも生み出す恵みをひそかに見つけ、それを素早い手順で、いや火さえも使わず、調理しようとしたのでしょう。それは、軽くて消化がよく、だが腹もちがよく、そして燃える太陽の何をも溶かす灼熱に対して、神経だけでなく体力をも鍛える食べ物となりました。

ガスパチョは、当地のおいしいコムギパンの中身をくりぬき擂り鉢に入れ、オリーヴ油で湿らして味と香りをつけ、塩、ニンニク、ときとして緑あるいは赤のトウガラシを加え、さらに硬めの粥状につき潰して、出来上がりです(2)。これは、手づかみで食べます。私たちは、この労働者階級の男たちの擂り鉢料理をただおいしく食しただけでなく、実際、握りこぶし大のこの料理で朝食を摂った男たちが、燃える太陽の下で、もっとも激しい、もっとも持続する仕事を、それ以外何も口に入れず、ほぼ一日中耐え抜いたのを目にしたのです。しかしこれは、私たちが神経と肉体を鍛えるニンニクの威力を知った唯一の機会ではありません。とくにアンダルシア地方では、この料理はどこの家庭でも見られます。

裕福な家庭の食卓では、ガスパチョは別の姿を呈します。マリナードに浸けた魚、ザリガニ、酢漬けのキュウリ、トマト、パプリカなど、食欲をそそる品々がひとつの大きな器に盛られ、最後に酢とオリーヴ油をかけていただきます。付け合わせには、ゼリーで囲まれた卵焼きが用意されます。

ヴァレンチア(バレンシア)地方の、おそらくムーア人が伝えたと思われるコメ料理は一言に値します。

2　ここで述べられたガスパチョの調理法からは、ヴェルギリウスに擬せられているかわいい小さな詩を思い浮かべるひとは少ないかもしれません。そこでは、ある農夫が眠りから覚め、灯りをともし、火をおこし、新鮮なパンを焼きます。つづいて畑からニンニクやその他の薬草を引き抜き、洗ってから石の擂り鉢の中で、油、酢、それに他のものをいくらか加えてつき潰し、パンとともに固粥に固め、野の仕事に携えます。プブリウス・ヴェルギリウス・マロ『モレトゥム』、ハイネ編、四巻二二六頁以下参照。

図5　パプリカ、鉛筆画の上に水彩、フランツ・ホルニイ、1817年頃

コメは、十分柔らかくなるまで、しかし粒が崩れて互いにくっつかない程度に、茹でます。この料理の見た目に美しい赤色は、オリーヴ油をからめて得た黄金色に、さらにトマトを加えて仕上げられたものと思われます。このアロス・ア・ラ・バレンシアは、スペイン中で大変好まれています。

ポルトガルとの国境で、プチェロは姿を消します。国境の向こう側では、国民的料理といえばバーダヨース（バダホス）で、これはどの市民の家庭でも、そして裕福な農家でも見られます。また国境からリスボンまでの間、唯一食べられるものといえば、蒸した鶏にオリエントのピラフ風に調理したコメを添えたポルホ・コム・アロス位のものでしょうか。コメは、粒を崩さずバレンシア風に茹で、ときにはトマトも加えます。

図6　美術史家C. F. v. ルーモールの肖像、油、フリードリヒ・ネルリー、1824年頃

訳者あとがき

「如何に謝すべきだろうか。じつのところ昨年来、貴殿のお陰で味わうことができたものすべてに深く感謝しています。……ケーニッヒの新しい精神！（目でなく皿の上のよろこび）――とりわけタヒチ風牛肉の蒸し焼き！（まったく独創的！）。もちろん、貴殿が例に挙げる料理はすべて、それぞれにまったく独創的です。――近代的珍奇性でない真の独創性――ですから素晴らしいのです。ほんとうに愛すべきです！　世界中のみんなが愛すべきです……」

これは、プロイセンの皇太子フリードリヒ・ヴィルヘルム（後のプロイセン王ヴィルヘルム・フリードリヒ四世）がルーモールにおくった書簡の一節です。日付は一八三三年四月一八日、すなわち『料理術の精神』第二版が出た翌年で、皇太子は三十八歳、ルーモールは四十八歳でした。

皇太子フリードリヒが言及する「タヒチ風牛肉の蒸し焼き」とは、キャプテン・クック、ブーゲンヴィルら探検家が西欧に報告する、南洋の島で行われていた焼いた石の上、あるいは焼いた穴の中での焼き肉のことです。ルーモールは、これを「栄養があり健康的で、間違いなくおいしい純粋な民族的郷土料理」の例として取り上げています。彼は、この「灰や炭、それに土にまみれ」た「素朴で原始的」な料理に、「文明化した民族にあっては必須とされる清潔さ」を結びつけ、だれもが一度は試してみたくなる調理法を工夫し、それを詳しく紹介しています。そこには、南の島の「素朴で原始的」な民族的郷土料理に対する、ルーモールの並々ならぬ敬愛を見ることができます。皇太子も、それに共感したのでしょう。

他にも、あるいはウンブリア地方トラジメーノ湖畔のウナギの串焼き、あるいはイタリアの秋のぶつ切りにした新鮮なブタのレバー焼き、「間違いなくおいしい純粋な民族的郷土料理」の多くの例が、印象強く紹介されています。植物材にあっても、春を告げ、縮かんだ体をほどく、酸っぱく、苦く、甘いスイバ（スカンポ）スープ、できれば真似したい、つましい靴屋の仕事場のアーティチョーク、何とも懐かしいものです。

ルーモールは、食べものについて語るときの「高貴な羞恥、人間の品位の繊細な感情」を理解する紳士でした。また、「人間は生きるために食べるのであって、食べるために生きるのではない」という古代の賢人に同調する高邁な教養人でした。そのような人間の料理本ですから、当然そこには揺るぎない「精神」、その人間の力強い美学が一貫していたはずです。ルーモールの美学、それは「自然への憧憬」

でした。「素朴で原始的」な民族的郷土料理への格別な敬愛もまた、その美学のあらわれであったのです。

ルーモールのこの「自然への憧憬」は、彼の時代を支配していた、過度に洗練された食文化への挑戦でもあったのです。彼の「素朴で原始的な料理」が戦いを挑んだのは、「栄養をないがしろにし、飾ること、手を加えることにあらゆる意を注いだ」「近代流行の都会的料理」です。その元凶をルーモールは、帝政ローマの『アピキウスの料理本』にもとめています。そこに彼は、「食材を擂り潰し、ごちゃ混ぜにし、調味料を過剰に加えて、個々の自然の味を台なしにする」、「料理術の最大の堕落」をみているのです。

もちろんルーモールは、古代の料理本を非難しながら、彼の時代の寵児レストランのフランス風料理を批判しているのです。「フランス人は、あらゆる食材を微塵に潰し、ごちゃ混ぜにする、たとえ最初の発明者ではないとしても、それを普及させた人たちです。」

このフランス風料理は、もとをただせば十六世紀にメディチの公女がフランスの宮廷に持ち込んだ、華やかな技巧過多の文化を誇るトスカーナの宮廷の料理でした。それは、やがてブルボン王家の隆盛にのってヨーロッパ各地の王宮にはうつされ、そこから、産業革命で勃興した都市成金のレストランへと受け継がれたのでした。そしてさらにそこでは、ルーモールが料理術の二大悪徳と呼ぶ「美味崇拝」と「珍味崇拝」が生まれました。「美味崇拝」とは、「とにかく贅沢な食にありつきたいという抑えがたい欲望」のことで、それは「財産を冷酷な打算的自己愛で築いた、したがってあり余る財産を人間らしい活動に使えない金持ちたちにとりわけ特有な浪費的貪欲あるいは貪欲的浪費」のことです。もうひとつの「珍味崇拝」は、いわゆるゲテモノ嗜好、「舌のあらゆる偶然的な刺激への変則的な欲望」のことで、この悪癖にとりつかれると、たとえば「イタリア人の地下室のごみの中から、塩辛く酢の効きすぎた、消化の悪い、健全な食欲を破壊する」食べものを探したりするというのです。

ルーモールの攻撃の矢は、パリの一流の料理人にも向けられました。ロスチャイルド家の厨房長を務め、一八一四年のウイーン会議の際、タレーランの食卓を用意したカレームは、獣脂や蜜蝋、さらには本物の彫刻を使った立体的な豪華な盛りつけで名を馳せましたが、ルーモールはそれを、「腹立たしいまでの華美で無意味な遊び」と一蹴しました。

また一八二五年、すなわち『料理術の精神』の第一版と第二版の間に、ブリア＝サヴァランの『味覚の生理学（邦題『美味礼讃』）』がパリで出版され、世間の喝采を博しています。ルーモールは、これを「機知に富み、大切な示唆を含む」としていますが、同時に、料理術をめざす若い人たちに、このような新しいフランス料理術の動きには「ただ疑念をもって向かうよう」忠告しています。ルーモールは、「私の本を読み、私の本以外は何も読んではいけません」と断言します。

そういえば、フランス革命の前夜、全国三部会に第三身分の代表として招集されたブリア＝サヴァランがアンシャン・レジームの美食を賛美し、大貴族のルーモールが「素朴で原始的」な料理をすすめるのも、不思議な巡りあわせです。

この書を貫く美学は、「自然への憧憬」でした。ルーモールは各所で、田園に生きることの素晴らしさをうたい、都会での日常の味気なさを慨嘆します。晩年ギリシアへの移住さえ夢見た彼の最後の旅は、ボヘミアへの隠遁でした。「愉快な気分、田園の仕事、無邪気な遊び、これは世界でいちばんすぐれた料理人」（ジャン＝ジャック・ルソー『エミール』）。ルーモールの「自然への憧憬」は、ルソーと声をひとつにしての、都塵にまみれた者への呼びかけであったのかもしれません。

カール・フリードリヒ・フォン・ルーモールは、一七八五年北ドイツの古貴族、すなわち皇帝の叙爵以前から続く家系に生まれ、一八四三年すべての領地を処分し、新しい生活をもとめてボヘミアに向かう途中、ドレスデンにて客死しました。

ルーモールは、近代の黎明期を奔放に生きた、才智あふれる教養人でした。残された莫大な著作は、寓話詩、風刺詩、長編・短編の小説、旅行記から、美術史および風俗史の学術論文に至り、その行動は、美術品蒐集、芸術家の育成、外交使、王族のローマ案内、大美術館の創立顧問と美術品買い付け、農政指導、さらにはみずからの銅版画、絵画の制作にまで及びます。それにもうひとつ、この著書『料理術の精神』によって「ガストロゾーフ（食の賢者）」の肩書きが加わります。

彼の墓碑に友人のデンマーク王クリスティアン八世が彫らせた次の献辞もまた、その生前の多才な活躍を称えています。

人間の生き方、国の在り方を教えてくれた聡明な文明批評家
中世美術史をはじめて学問に高めた感性豊かな研究者
伝えられたものを守り、未来の人を育てた高貴な芸術保護者

『料理術の精神』は、一八二二年、お抱えの料理人ヨゼフ・ケーニッヒを著者として初版が一五〇〇部出版されました。これは、当時の出版界にあっては、少なからぬ部数です。そのうち十二部がヴェラム紙に特別に印刷され、当時を代表する六名の貴婦人に献呈されています。著者の名を偽ったのは、味覚が五感の中でもっとも低級とされていたからでしょうか。ただ、広範な古代文献の渉猟や緻密な注釈は、この書が数年にわたって念入りに準備されたことを語っています。

好評を得て一八三二年、第二版が同じく一五〇〇部刊行されました。この第二版の序文でルーモールは、みずからが真の著者であることを告白します。彼は、自身の手で多くの挿絵用の素描を制作しましたが、それらは、銅版加工に失敗し、失われてしまいました。図7と図8は、そのなごりを伝えるわずかの遺品です。また、当初用意されていた目次と索引も、印刷工程での手違いで欠落し、第二版でも補遺されませんでした。今日の目次と索引は、一八八五年この書がレクラム文庫に採用されたとき、その編者ロベルト・ハブスによってつくられたものです（この訳書の索引もハブスの仕事を参考にしています）。

本書は、まず発行人としてのルーモールによる序文があり、続いて「前文」として、料理術の古代から現代までの歴史が詳しく論じられます。本文は独立した三巻から構成され、第一巻では、「料理術の基礎的概念」と必要とされる調理器具の紹介からはじまり、「動物界からの食材とその調理法」、第二巻では、「植物界からの食材と香辛料」の種類と使い方が百科全書風に、第三巻では、「食事について」、その作法や献立が考察されます。ただし第二版では、付録として著者の従兄なる人物、実際にはルーモールの友人、デンマークの外交官ヨハン・ゲオルグ・リストによる、スペイン料理についての報告が加わります。

長い眠りのあとこの書は、一九六五年突然目覚め、以来今日までさまざまな形で、少なくとも一〇版が刊行されています。「あなた方の地元のすぐれた産物が正しく料理され、身近にある香りの高い薬草がその風味をいっそうすぐれたものにする」という著者の願いが、二〇〇年たった今、叶えられようとしているのでしょうか。

伊豆、大室高原にて

二〇一五年秋

図7　ケーニッヒの肖像？、ペン画、カール・フリードリヒ・フォン・ルーモール、1822年頃

図 8　家族の食事、ペン画、カール・フリードリヒ・フォン・ルーモール、1822 年頃

索　引

人名、民族名

ア行

アッカム，フレデリク〔19世紀初頭の化学者〕
料理に関する記述　*57n1*
アテナイオス〔古代の文人。『デイプノソフィスタイ(食卓の賢人たち)』の著者〕　*20*
アピキウス，コエリウス〔古代ローマの「美味崇拝者」。『アピキウスの料理本』の執筆者とされる〕　*18-21, 23, 26*
ミルクでの煮ものについて　*73*　パセリの使用　*197*　レビチクム（ロベッジ）の使用　*199*　ハッカとミントの使用　*200*
アリストテレス
食事の多彩性に賛意　*230*
アレクサンドリヌス，ユリウス〔16世紀の養生学者〕
料理に関する記述　*13*
アントワーヌ，アレクシ〔19世紀初頭の植物学者。『カデ・ド・ヴォウ』の著者〕
ジャガイモの生長液について　*135n3*　ジャガイモを使ってパンを焼く　*135*
イギリス人
スープよりも焼き肉を好む　*72*　料理解剖学にすぐれる　*46, 48*　ショウガ入り菓子を好む　*208*　ソーヤをヨーロッパに導入　*209*　フォークを左手に持つ　*229*　牧畜を重要視する　*119*　焼き肉方　*60*　ボイルドマトン　*72-73*
イタリア人
料理術にはじめて相応の注意を払う　*24-25*　野菜を美しく煮ることができる　*22*　ブイヨンをほとんど無視する　*26*　シギの糞を料理に使う　*61*　豚のレバーを串で焼く　*63*　ウナギをおいしく焼く　*62*
トウガラシを使ってワインの質をごまかす　*208*　近代になってスープ

を知る *83n1*　彼らのパンスープ *83*　麺スープ *86*　揚げものに特にすぐれている *108*　おそらくパイの発明者 *110-111*　かつては自家用畜殺の習慣をもっていた *117*　粉を篩うのに手持ちの篩を使う *129*　コメを料理に使う *151*　アーティチョークをできるだけ若いうちに食す *162*　アスパラガスを茹すぎない *176*　ウイキョウの茎をサラダに使う *202*
インド人
　太古にすでにコメを知っていた *128*
ヴァディモンタヌス，ステファヌム〔ヴィギリウス、プラティナ（クレモナ）の翻訳者〕 *27n14*
ヴェルギリウス
　料理に関する記述 *261n2*
ヴィアール，アントナン
　料理に関する記述 *29n17*
エラガバルス〔古代ローマの皇帝〕 *21*
オランダ人
　良質の飲料水を欠く *47*　魚の煮方に精通 *73*　素晴らしい酢漬けのキュウリ *174-175*　ジャガイモをバターで蒸し焼きすることを好む *159*　食事の際多くのスプーンを使う *229*

カ行

カトー（大）〔古代ローマの文人〕
　料理に関する記述 *20, 93n3, 149, 182*
ガレノス〔古代の医家〕
　料理に関する記述 *11*
カレーム，アントナン〔19世紀初頭の料理人〕
　料理に関する記述 *29n17*
ギリシア人
　ピラフをすでに知っていた *38, 39n1*　ケレスとトリプトレモスを崇拝していた *128*　ブイヨンを知らなかった *26*　彼らの食卓での談話 *239*
クック，ジェイムス（キャプテン）〔18世紀の探検家〕 *68*
クリウス，デンタトゥス〔古代ローマ共和政時代の政治家〕 *18*
ケーニッヒ，ヨゼフ〔ルーモールのお抱え料理人〕 *4, 7*

コツェブ，オットー・フォン〔19 世紀初頭の航海者〕 *123n5*

サ行

シューベルト，ゴットハルト・ハインリヒ〔19 世紀初頭の植物学者〕 *129n1*
シスモンディ〔19 世紀初頭のスイスの経済学者〕
　スコットランドにおけるイングランド人の振る舞いについて *119n2*
シンプソン，ジョン〔19 世紀初頭のイギリスの料理評論家〕 *29n17*
スカッピ，バルトロメオ〔ピウス5世のお抱え料理人〕 *25n13*
　ザリガニの茹で方 *75*　カキのパイについて *140*
スペイン人
　料理術にあまり貢献しない *210*
スモレット〔18 世紀のイギリスの小説家〕
　料理に関する記述 *21*

タ行

中国人
　肉を汁気たっぷりに焼くことを好む *38*　太古にコメを栽培する *128*　ワインの前にビールを知る *133*　食事の単一性に賛意 *232*
ドイツ人
　大食いを好む *25-26*　肉を冷たい水でアク抜きする *40*　ウナギの焼き方 *62*　彼らの魚の煮方 *74*　注ぎ足すことでブイヨンをだめにする *78*　ゼリーのつくり方 *96-97*　自家用畜殺の習慣をやめる *117*　パン生地の中にジャガイモを混ぜる *135*　アスパラガスを茹ですぎる *176*　食卓で皿を手渡しする *231*

ナ行

ノイバウエル〔料理評論家。『バイエルンの料理』の著者〕 *23n11*
ノンニウス，ルドヴィクス〔17 世紀の養生学者〕 *13n2*

ハ行

ハイネ
パンに関する記述 *136n4*
ハゲリウム，クルストフォルム・アカティウム
食卓で若者のふるまいについて *223ff*
パタゴニア人
肉を生で食す *43*
ピウス５世〔教皇〕*24*
ピウス２世〔教皇〕*24*
ヒポクラテス〔古代の医家〕
料理について *11*　食品の鑑定について *42*　パンの消化について *133*　粥について *149*　食事の単一性と多彩性について *230*
フォス，ヨハン・ハインリヒ〔19世紀初頭の詩人、セロリについて論文を描く〕*167n10*
フィールディング，ヘンリー〔18世紀イギリスの小説家〕
料理法の観察者として *145*
フォルスター，ゲオルグ〔18世紀の植物学者〕
発酵液体調味料アジャルについて *209-210*
ブーゲンヴィル，ルイ＝アントワーヌ・ド〔18世紀の航海者〕*68*
プラティナ（クレモナの）〔15世紀の文人。『高雅な肉体の悦び』の著者〕*27n14*
フランス人
微塵切りとごちゃ混ぜの料理術を広める *24*　ブイヨンの使い方をはじめて教える *26*　18世紀および19世紀初頭の彼らの料理術について *27-28*　フィレ・ド・ブフでもってローストビーフを代用する *60*
鳥の焼き方 *61*　彼らのブイヨンつくり方 *78-80*　ゼリーのつくり方 *97*　パイのつくり方 *112, 137-138*　パンの生地に鳩の糞を入れる *134*　バター入りパイ生地のつくり方 *138-139*　料理の保存法にすぐれる *213-214*
プリニウス（大）〔『博物誌』の著者〕
古代の魚の養殖について *23n10*　香辛料の利用について *26, 27n16*　パンと粥について *131n1*　ニンニクについて *187*
プリニウス（小）*33n19*
ベルギウス，ベングト〔18世紀の終わりごろの植物学者〕*13n3, 212*

ブルーメンバッハ，フリードリヒ〔19 世紀の博物学者〕
人間の歯の形態について *43n1*
フンボルト，アレクサンダー・フォン〔19 世紀の博物学者〕
ジャガイモについて *41n3*
ホメロス〔古代の詩人〕
焼き肉について *38*　詰めものしたヤギの胃袋について *122*
ホラティウス〔古代の詩人〕 *17-19n2-3, 20, 37*

マ行

マイニエール，ルイーゼ〔19 世紀初頭の小説家〕 *117n1*
マッケンジー〔19 世紀初頭に活躍した探検家〕
トウモロコシの調理について *153*　病人食 *253*
ミュラー，ヨハネス・フォン〔18 世紀の歴史家〕
食事に関する古代人の貢献についての記述 *233n1*

ヤ行

ユダヤ人
バターの代わりにガチョウの脂を使う *66*

ラ行

ラウメル
石炭の種類について *47n2*
ランフォード
料理用オーブンの発明 *45*
ランフィアス〔18 世紀の植物学者〕
発酵液体調味料バカッサンについての記述 *210*
ランプリディウス〔古代の皇帝伝の記者〕 *21*
リスター，マーティン〔『アピキウスの料理本』の注釈者〕 *19n4, n7*
食塩について *48*

ルイ 15 世〔フランス王〕
　彼の家計　*27*
ルンポルト，マルクセン〔マインツ選帝侯のお抱え料理人〕*25n14, 217*

食材、料理、その他

ア行

アカカブ　→ビート
赤キャベツ *184*
アク抜き
　冷水での注意 *40*　ジャガイモに有効 *41*　塩漬けした食材から硝石を除く *42*
アサ・フォエティダ（アギ）　*21, 23n11*
アサツキ（香辛料）*190*
アジア
　穀類の原産地 *127-128*
アジャル〔東インドの発酵液体調味料〕*210*
アスパラガス
　風味のある野菜として *102, 176-177*
アニス（香辛料）*206*
『アピキウスの料理』
　この本の性格 *18*
アフリカ
　おそらくトウモロコシの原産地 *129n2*
アミガサタケ
　パイの香辛料として *111*
アーモンド
　甘味として *23n11, 32*　特に北ドイツで使われる *89*　プディングの添加物として *146*　煮たものは消化に悪いが炒れば問題ない *146*　ピラフから追放されるべき *150*　徐々に使われなくなる *209*
アーモンドタルト
　有害である *142*
アーティチョーク
　澱粉食材の一種 *130*　野菜として料理 *160-163*

索　引（食材、料理、その他）

アロス・ア・ラ・ヴァレンシアーナ　→コメ
アンゼリカ（香辛料） *198*
イチョウガニ
　茹でる *75*
イラクサ
　ネーゲンシェーネ〔ザクセン地方の郷土料理〕の素材 *193*
インゲンマメ
　野菜として *165-167, 184*　漬物 *185*
ヴァニラ（香辛料） *208*
ウイキョウ（フェンネル）（香辛料） *202*
ヴェルミチェリ〔イタリアの麺の一種〕 *86*
ウサギ
　焼く *61*
ウミガメのスープ
　香辛料で過剰に味つけられる *88*
牛
　牛肉の調理法 *69, 77ff, 80, 101*
　雄牛の唇 *109*
　舌〔燻製がザルツブルクの名産〕 *118*
　仔牛の肉
　　焼く *61*　フリカンドーとして *101*　フリカッセとして *102*　パイとして *111*
　仔牛の頭
　　煮詰めてスープに *87*　揚げる *109*
　仔牛の胸腺
　　パイとして *140*
ウナギ
　焼く *62*　ゼリーを使って *106*　燻製 *118*　スープ *200*
ウミザリガニ（ロブスター）
　茹でる *75*　パイの中に *140-141*
海の魚
　海の水で煮る *74*
エシャロット（香辛料） *190*

エンダイヴ（キクチシャ）
スープに使う *89-90*　野菜として *195-196*　病人食として *255*
エンドウマメ
粥として *154*　野菜として（サヤエンドウ）*165-166*　病人用食材として *255*
オオムギ
粗挽きにする *130*
オスマゾマ
冷水で肉より滲出 *41n1, 56, 80*　焼くと固くなる *56*
オートムギパン
特にスコットランドで食される *135*
オールスパイス（ピメント）（香辛料）*208*
オルラ（オジャ）・ポトリーダ
ルーモール風 *79*　スペイン風の作り方 *180, 258*
オレンジの皮（香辛料）*208*
おろし金 *53*

カ行

カキ
古代人の保存法 *123*　パイの中に *140*
家禽
焼く *61*　蒸す *102*
「学生の餌」*32*
ガスパチョ〔スペインの国民的料理〕*261*
ガチョウの脂
バターの代用として *66*
ガチョウの胸肉
ポンメルン風燻製 *118*
カブ
種類と使い方 *170-172*
カボチャ
揚げる *109*　澱粉を多く含む *130*　粥として *156*

野菜として *163-165*　シエナのコショウパンの主成分 *165*　病人用食材として *256*
カリフラワー
揚げる *109*　野菜として *177-179*
かまど（竈）
重要な発明 *45*　その設備 *45*
カモ
サルミとして *103-104*
粥（ムース）
パンよりも古い *131*　定義 *149*　調理法 *131, 149-156*
カラシ（香辛料） *206-209*
カルダモン（香辛料） *208*
カルドン（野菜） *163*
ガルム〔魚醤。古代の発酵液体調味料〕 *19n5, 210*
カワカマス
スープ用として *89*　レバーをパイに使う *112*
キジ
串焼き *61*　サルミとして *103*　パイとして *111*
キノコ
揚げる *109*　パイの中に *111*　一般論 *203-205*
キノコの有毒判断 *205*
木の実油
オリーヴ油の代用 *64*
キビ
粒のまま、あるいは砕いて使う *130*　粥として *151*
キビサトウ（サッカロース） *212-213*
キャセロール（蓋付き厚手鍋）
すぐれた料理には銀製のものが不可欠 *52*
キャッサバ（タピオカ）
スープの材としてブイヨンに添加 *84-85*
キャベツ
その種類と料理法 *179-184*
キャラウェー
パンの香辛料として *136*　ザウアークラウトの添加物として *181*

香辛料一般として *206*
キュウリ
野菜として *173-175*　病人食に *256*
ギンバイカ（ミルテ）の実
古代に香辛料として使われた *206*
串焼き
一般論 *57*　イタリア風 *63*
果物
人間の最初の食材のひとつ *43*　揚げる *109*　保存用に加工する *213*
果物の酸味
ソースに加える *92*　北では発酵野菜で代用 *174*
クーリ
作り方と使い方 *78, 100*
グリル用ソーセージ
つくり方と料理法 *119-121*
クレソン
ネーゲンシェーネ〔ザクセン地方郷土料理〕の素材として *193*　サラダとして *202*
ケーパー（香辛料） *199*
ケシ油
オリーヴ油の代用品として *64*
ケチャップ〔イギリスの液体調味料〕 *210*
月桂樹（香辛料） *63, 206*
ケバブ〔オリエント風串焼き肉料理〕 *63*
「倹約ブイヨン」のつくり方 *77*
香辛料
すでに古代におおいに使われていた *20*　混ぜ合わせに注意 *41*
酵母菌（イースト） *133-134*
穀類
アジア原産 *127-128*　粉にひく必要 *128-129*
濾し器（調理器具） *53*
コショウ（香辛料） *20, 206*
コショウソウ
サラダとして *202*

五徳（鉄製三脚）（調理器具）*52*
小鳥の焼き方 *103*
粉
　定義と製法 *131*
コムギ粉
　ソースの素地として *92*
コムギパン
　ブイヨンに加える *83*　ソーセージに加える *121*　食パンとして好まれる *134-135*　黒パンよりまさる *135*　バターで煮て病人食 *254*
コメ
　オリエントや南ヨーロッパでは北よりすぐれて調理される *38*
　一般論 *130*　粥として *150-151*
コリアンダー
　ソーセージに加える *120*　パンに入れる *136*　香辛料として *206*
コールラビ（カブカンラン）（野菜）*182-183*

サ行

サヴォア地方
　水質が良くない *48*　おいしいキャベツを産する *182*
ザウアークラウトの作り方と使い方 *180-181*
魚
　古代における養殖 *22*　焼く *62*　煮る *73-74*　スープ *81, 89*
　ゼリーとともに *74, 105-106*　蒸す *105*　揚げる *109*
サケ
　煮つけ *74*　蒸してゼリーとともに *106*　燻製 *118*
サゴヤシ（椰子）
　ヨーロッパへの導入 *128*
砂糖 *212-213*
サフラン（香辛料）*199*
サヤマメ（莢豆）
　未熟なものを野菜として使う *86-87, 130, 184-186*　粥として *154-155*
　栽培について *128*

サラダ
語源 *91n2*
ザリガニ *74-75, 209*
ザリガニバターの作り方 *88*　ザリガニスープの作り方 *88*
サルシファイ（西洋黒ゴボウ） *170*
サルミ *102-104, 112*
サルビア（セージ）（香辛料） *63, 200*
塩
料理の三大要素のひとつ *44*　種類 *48*
塩漬けの方法 *117-118*
塩漬け肉 *118*
シカの胃袋
イタリアではソーセージの一種に使う *122*
シカの角
ゼリーの材料として *97*
シカの肉
ニガヨモギで臭みを取る *198-199*
自家用畜殺 *117*
シギ
焼く *61*　サルミとして *103-104*
シギの糞
イタリア風食べ方 *61*
七面鳥
串焼き *63*　蒸して *101-102*　詰め物 *114*
シナモン *208*
脂
一般論 *64-66*　揚げ物に *108*
ジャガイモ
ときおり詩に登場する *12*　アク抜きが必要 *41, 155, 159*　タヒチ風焼き肉の添え物として *69*　キャッサバの代用として *85*　パン生地に加える *135*　パンの代用として *136*　粥（ムース）として *155*　野菜として *159-160*　種類 *160*　病人食、焼くあるいは煮て *255*
ジャコウキャベツ〔サヴォア産キャベツの一種〕 *183*
ショウガ（香辛料） *208*

索　引（食材、料理、その他）

白キャベツ（タマナ）*179-180*

精進料理（四旬節の）

　トチの実の粉を使う *153*　ヒヨコマメを使う *155*　スープ *88, 242*

精進日の料理 *242-243*

硝石（硝酸カリウム）

　海塩を使うときには取り除くことが必要 *48*

食材

　その区分 *40-41*　その善し悪しの判断の難しさ *42*

シュペック（ベーコン、脂身）

　ピケの材料 *60*　一般論 *65*　レバークネーテルの作り方 *147*

シュペッツレ〔南ドイツのコムギ粉料理〕*145*

スイカ

　皮を揚げる *109*

スイバ（スカンポ）

　スープの薬味として *85*　ホウレンソウに加える *194*　サラダおよび野菜として *194-195*

スウェーデンカブ（野菜）*165*

酢漬けキュウリ

　香辛料としてトウガラシを加える *174-175, 207-208*

スープ

　語源、広がり、製法 *82-90*　食べ方 *248*

スープの薬味 *197-198*

スフレ（アウフラウフ）のつくり方 *147-148*

スベリヒユ

　スープの薬味として *94, 197*　野菜として *202*

スライサー（調理器具）*53*

擂り鉢（調理器具）*52*

焜器 *51-52*

石炭（燃料）*16*

セージ（香辛料）*200*

セモリーノ（粗挽き穀粉）

　スープに使う *77*　スフレに適する *147-148*　団子にする *145*　旅の携帯食として *153*

ゼリー
一般 *96-98*　冷たいパイの添え物として *113*
セルフィーユ（チャーヴィル）
スープの薬味として *197*
セロリ
エンドウの粥に加えて *154*　野菜として *167-168*
ソース
定義、語源、作り方 *91-95*　ホワイトソース *93*　ブラウンソース *94*
ソーセージ
肉ソーセージ *119-120*　ボローニャ風ソーセージ *120*　レバー・ソーセージ *121*　ブラッドソーセージ *122*
ソバ
殻をとる必要がある *130*　粥として *152*　病人食に *254*
ソーヤ
古代ローマのガルムに似る *19n5*　作り方 *209*　日本のソーヤ *209*
ケチャップと混同される *210*
ソラマメ
未熟なものを野菜として *166*　香辛料で味をつける *201*

タ行

タイム（香辛料） *198*
タマネギ
焼く *22, 83*　香辛料として *111, 190*　野菜として *189-190*
タマリンド
オリエントでは香辛料として使う *209*
タラ
煮る前にアク抜きが必要 *74*
団子
種類と作り方 *145-147*
淡水魚
煮方 *74*　特にスープに適する *89*
タンポポ
ネーゲンシェーネの材料として *193*　サラダとして *202*

チコリ　→エンダイヴ（キクチシャ）
チョウジ（香辛料） *208*
調理器具の種類 *50-54*
調理場（厨房、台所） *44-45*
チリメンタマナ（サヴォアキャベツ）
　使い方 *182*　すでに古代に知られていた *182*
「珍味崇拝」
　定義 *30*
ツアンポーネ〔イタリアのソーセージの一種〕 *120*
詰めもの *114-115*
泥炭（燃料） *46*
デザート（特に宴の） *252*
テルトーカブ *171*
トウガラシ（スペインコショウ）（香辛料） *207-208*
トウモロコシ
　栽培史 *129*　粉にする *130*　アフリカでは粥にする *131*　アメリカでは菓子に焼く *133*　粗挽き粉はスフレの材に使われる *148*　ポレンタの主成分 *152*　旅行の携帯食として *153*
トチ
　澱粉をとる *130*　ポレンタの主成分 *153*
トマト（調味料） *199-200*
トモシリソウ
　サラダとして *202*
鳥
　焼く *61, 63*　サルミとして *102-104*　パイに *111-112*
トリュフ
　パイの薬味として *111*　一般論 *203-204*
トルテ（タルト） *142-143*

ナ行

ナタマメ *184*
ニガヨモギ（香辛料） *198-199*
ニカワ　→ゼリー

肉
水洗いによる栄養価の消失 *40*　最古で最高の食材 *43*　未開人の調理法 *43*　火による調理 *44*　焼く *55-58*　煮る *72-73*　スープに入れる *87*
肉の燻製
ハンブルク風 *118*
肉の煮出し汁　→ブイヨン
ニッコウガイ　→バカッサン
にべ（鰾膠）〔チョウザメなどの浮き袋〕
ゼリーの材料として *123*
煮る
定義 *44, 72*　特に注意すること *72-74*
鶏
焼く *57*　コメと煮る *151*
ニンジン
野菜として *169-170*　病人食として *255*
ニンニク
香辛料として *111, 187-189*　インドの発酵液体調味料の添加物 *210*
ネギ
香辛料および野菜として *190-191*
ネーゲンシェーネ〔ザクセン地方の郷土料理〕 *193*
ネズの実
ザウワークラウトに加える *181*　ノハラツグミのサルミに加える *206*
燃料（調理用） *46*
熱
加減が大切 *45*　特に揚げもののとき *108*
ノウゼンハレン（キンレイカ）
香辛料として *201*　サラダとして *202*
ノヂシャ
サラダとして *202*
ノーケル〔南部ドイツの郷土料理〕 *145*

ハ行

歯
　人間の歯の形態　*43*
パイ
　贅沢な食べ物ではない　*111*　　発明と名付け　*111*　　作り方　*110-113, 137-138*
バカッサン〔インドの発酵液体調味料〕*210*
バジリコ（バジル）*94, 198*
パースニップ（野菜）*168-169*
パセリ
　揚げる　*109*　　根を野菜として　*172*　　スープに入れる　*197-198*
バター
　一般論　*65-66*　　焼きものに　*66*　　揚げものに　*108*
　パイの生地に　*138*
蜂蜜
　古代には肉の保存に使う　*123*　　料理では砂糖ほど使われない　*212*
ハトの糞
　パン生地に加える　*134*
パパン式深鍋　*54*
ハマアカザ
　ネーゲンシェーネの材として　*193*
バラ香水
　北ドイツ料理での使用　*23n11*
パン　→ライムギパン、コムギパン
　作り方　*133-136*　　種類　*134-136*　　黒パン（兵隊パン）とその栄養価　*135*
　スカンディナヴィア風堅皮パン　*135*　　あらゆる食べ物の仲介役　*137*
　朝食用に焦がしてニンニクを刷り込む　*188*
パンスープ
　おそらく最も古いスープ　*82-83*　　作り方　*83-84*
パン種　→酵母菌
火
　料理の三大要素のひとつ　*44-46, 55*
ピケ　*60*

「美味崇拝」
定義 *16-17*　ローマ人の場合 *18*
ピスタチオ（香辛料） *209*
羊
串焼き *62-63*　タヒチ風焼き肉 *68-69*　スープ用の肉として *80*　母羊肉、塩漬けにして *118*
ビート
野菜として *172*　「冬のホウレソウ」として *193*　トモシリソウのサラダの添え物として *202*
ヒメニンニク
パイの香辛料として *111, 189*　一般論 *189*
ヒョウタンカボチャ *164-165*
ヒヨコマメ
粥として *155*　未熟なものをスープに使う *167*
病人食
その献立 *255-256*
ピラフ
コメのもっともすぐれた料理 *38*　オリエントの民族食 *38, 132*　作り方 *150*
ブイヨン（肉煮出し汁）
一般論 *76-81*　スープの素として *26, 82*　ソースの素として *92*
ブイヨン・ド・プリム
濃い粥の一種 *80*　病人食として *255*
フィレ・ド・ブフ
ローストビーフの代用として *60*　燻製 *120*
深鍋
その発明について *44*
豚肉
焼き肉として *61*　ブナ科植物の実による肥育 *118*
豚の脂（ラード）
揚げ物に使う *108*
豚のレバー
串焼き *63*

フダンソウ（トウチシャ）　→ビート
プチェロ〔スペインの民族料理〕 *258-260*
プディング（プリン）
　布で包んで煮つめる *53, 146*　一般論 *145*
ブナ（燃料） *46*
プラムプディングの作り方 *146*
ブランデンブルグ
　独特の塩漬け魚 *118*　特殊なカブの産地 *171*
フリカッセの作り方 *102*
フリット *108*
フリカンドーの作り方 *101*
ふるい（篩）（調理器具） *53*
ブロッコリーの料理法 *179*
プンペルニッケル（ライムギ製の黒パン） *135*
ベーコン　→シュッペック
ヘンルーダ（香辛料） *200-201*
ホウレンソウ
　タマネギとともに *190*　野菜として *191-194*　病人食として *256*
干しブドウ
　甘味として *23n11*　北ドイツの主要甘味料として *23n11, 89*
　ピラフの余分な添加物 *150*
保存食品
　肉の保存に関する一般論 *116-117*　果物の保存 *213-214*
ポ・ト・フ
　フランスで第三身分とともに名声を得る *28*
ポモ・ドーロ　→トマト
ポルペッテ〔イタリア風燻製肉〕 *120*
ポレンタ〔イタリアの料理〕 *152*

マ行

薪（燃料） *46*
マグロ
　バイヨンヌ地方では好まれる *257-258*

マジョラム（オレガノ）
　香辛料として　*20, 198, 206*
マス
　煮つけ　*74, 105*
マッシュルーム（シャンピニオン）
　薬味として　*204-205*
マツの実
　香辛料としてたまに使われる　*209*
マトロート〔フランスの蒸した魚料理〕*105*
マメ
　パン生地の添加物として　*136*　　粥として　*132, 154-155*
　未熟なものを野菜として　*165-167*
マルチパン〔アーモンド入り焼き菓子〕*142*
マルメロ
　揚げる　*109*
水
　料理の三大要素のひとつ　*46-48*
ミツバソウ
　サラダとして　*202*
ミネストラ
　言葉の意味　*82*
ミリアチョ〔イタリア料理のひとつ〕*122*
ミルク
　水の代わりに煮物に使われる　*73*
ミント（香辛料）*200*
蒸し器
　イギリス式　*54, 105-106*
蒸し物
　この調理の長所と目的　*99*　　調理法　*99-107*
蒸し焼き
　定義　*68*　　方法　*68-69*
紫キャベツ（野菜）*180*
芽キャベツ
　使い方　*182*

麺
　ドイツの郷土料理としての麺スープ *86*　スープの材として、特にマカロニが好まれる *144*
木炭（燃料） *46*

ヤ行

焼き菓子 *142-143*
焼き肉
　定義 *55*　調理法 *55-58, 64*　たれ *64*　タヒチ風 *68-69*
　宴用 *252*
焼き肉用串（調理器具） *50*
ヤギの胃袋〔古代にソーセージの一種に使う〕 *122*
揚げ物 *108-109*
野菜スープの作り方 *89-90*
ヤマウズラ
　焼く *61*　サルミとして *102-103*
ゆがく
　栄養分を逃がすことがある *72*
ユスクラ〔古代人の液体調味料の一種〕 *26*
ヨモギ
　スープ用薬草として *85, 100, 200-201*　香辛料として *94, 100, 201*
　ゼリーの中での蒸し肉の添え物として *106*

ラ行

ライムギ粉
　粥として *154*
ライムギパン
　ブイヨンに加える *84*　コムギパンより劣る *135*
　作り方 *135*
ライラック *201*
ランフォード式オーブン *45*
ランフォードのスープ *156*
リーキ（ポロネギ）

肉汁の香辛料として *190-191*
料理術
定義 *37*　料理術の主要手段 *37*　その発展 *45ff*　最終目的 *221*
ローマ人の料理術 *12, 18ff*　16 世紀イタリア人の料理術 *25-26*
16 および17 世紀ドイツ人の料理術 *25*
18 世紀フランス人の料理術 *27ff*
料理人
食材に関する正確な知識をもたねばならない *42*　彼らの教育について *13*
料理本
古代ローマ人の料理本 *18*　ドイツの料理本の性格 *12, 23-24, 30*
イタリア人の料理本 *24-25*　フランス人の料理本 *28-30*
イギリス人の料理本 *28, 29n17*
料理人の約束事 *40-42, 76ff, 91ff, 97, 215ff*
レバー
ブイヨンに加える *78-79*　揚げる *109*　パイに *112*
レバー団子
作り方 *147*
レビスチクム（ロベッジ）（香辛料） *20, 199*
レモンの皮 *23, 208*
レンズマメ（ヒラマメ）
粥として *132, 154*
ローストビーフ
古代から続く *38*　焼き方 *55-58*
ローズマリー（香辛料） *63, 200*

ワ行

ワタリガニ
ゆがいて *75*　パイの中に *141*
ワーテルソーチャ〔オランダの魚料理〕 *105*

[訳者略歴]

中山 典夫（なかやま・のりお）

1940年生まれ。1971年東京教育大学大学院修士課程修了。1977年ドイツ、フライブルク大学学位修得。専攻はギリシア・ローマ美術史、筑波大学名誉教授。主要論文に『ギリシア美術とプラトン』、『ギリシア美術と現代』、『『草枕』と西洋美術史』など、主要訳書にJ. J. ヴィンケルマン『古代美術史』、エルンスト・ゴンブリッチ『若い読者のための世界史』、R. クラウトハイマー『ローマ　ある都市の肖像310～1308年』などがある。

C・F・V・ルーモール

料理術の精神

——ある美術史家の食卓 ©

平成二十八年一月十日印刷

平成二十八年一月二十五日発行

訳者　中山　典夫

発行者　小菅　勉

印刷　図書印刷株式会社

製本　松岳社

中央公論美術出版

東京都千代田区神田神保町一-一〇-一

IVYビル六階

電話〇三-五五七七-四七九七

装幀　熊谷　博人

ISBN 978-4-8055-0749-0